思考的框架2

The Great
Mental Models

Volume 2
Physics, Chemistry and Biology

物理学、化学和
生物学思维的创新应用

[加拿大] 沙恩·帕里什　里安农·博宾　著
　　　　(Shane Parrish)　　(Rhiannon Beaubien)

尚书　译

图书在版编目（CIP）数据

思考的框架.2,物理学、化学和生物学思维的创新应用/（加）沙恩·帕里什,（加）里安农·博宾著;尚书译.--北京:中信出版社,2024.7

书名原文：The Great Mental Models Volume 2: Physics, Chemistry and Biology

ISBN 978-7-5217-6618-9

Ⅰ.①思… Ⅱ.①沙… ②里… ③尚… Ⅲ.①思维训练 Ⅳ.① B80

中国国家版本馆 CIP 数据核字（2024）第 102323 号

The Great Mental Models Volume 2: Physics, Chemistry and Biology
Published in 2019 by Latticework Publishing
Copyright © Farnam Street Media Inc.
Simplified Chinese translation copyright © 2024 by CITIC Press Corporation
ALL RIGHTS RESERVED
本书仅限中国大陆地区发行销售

思考的框架 2——物理学、化学和生物学思维的创新应用
著者： ［加］沙恩·帕里什 ［加］里安农·博宾
译者： 尚书
出版发行：中信出版集团股份有限公司
（北京市朝阳区东三环北路 27 号嘉铭中心 邮编 100020）
承印者： 河北鹏润印刷有限公司

开本：880mm×1230mm 1/32 印张：9.25 字数：228 千字
版次：2024 年 7 月第 1 版 印次：2024 年 7 月第 1 次印刷
京权图字：01-2024-3094 书号：ISBN 978-7-5217-6618-9
定价：59.00 元

版权所有·侵权必究
如有印刷、装订问题，本公司负责调换。
服务热线：400-600-8099
投稿邮箱：author@citicpub.com

法纳姆街（Farnam Street）致力于帮助你了解世界是如何运转的、如何做出更好的决策、过上更好的生活。我们讨论的话题包括思维模型、决策、学习、阅读及生活的艺术。

在这个喧嚣的世界上，法纳姆街就是一方净土。在这里，你可以静心思考那些经过岁月洗礼的理念，通过自我拷问获得深入的理解。内容涵盖了来自科学和人文学科的理念，不仅能帮你扩展知识面，还能让你学会融会贯通、跨学科思考，从而探索事物的意义。

法纳姆街的总部位于加拿大渥太华，在沙恩·帕里什的管理下，业务遍及全球，已经帮助数百万人系统地学习和掌握前人发现的有用知识。

思维模型决定思维质量。

这是法纳姆街的信条。我们所做的很多事情都是基于这一信念。

倘若你学会看清世界的真相，而不是活在自己的想象之中，那么一切都会发生改变。学会从多个维度思考，问题往往就能迎刃而解。你既能发现曾经忽视的机会，又能避免铸成大错断送前程，还能逐渐在生活中取得切实的进步。

这就是思维模型的力量。也正因此，我们才创立了"思考的框架"这个项目。

项目实属为爱发电，我们希望向所有人免费提供多学科交叉融合的高质量教育，为实现全世界机会均等贡献绵薄之力。

目 录

序 言　/006

物理学

01 　**相对性**　/011
　　理解多重视角的复杂性和价值。你越不愿意接受和承认自身的局限性，你的视角用处就越小。

02 　**相互作用／互惠互利**　/027
　　你希望世界变成什么样子，就要先做到什么样子。我们的言行举止会反过来影响自己。

03 　**热力学**　/043
　　秩序不过是偶然，混乱才是常态。万事万物都在朝着平衡移动，人类、文化、思想、信息莫不如此。

04 　**惯性**　/061
　　万事开头难，可一旦起步，让事情开始朝着特定的方向发展，接下来就更容易保持前进的动力。

05　**摩擦力和黏度**　/ 076

为了达到目的，减少阻力往往比加大推力更容易。也可以把摩擦力和黏度当作武器使用。

06　**速度**　/ 087

如何才能让自己走在正确的方向上，在质量和速率之间找到平衡以实现我们的目标？秘诀就在于不断改进策略，灵活适应和回应新的信息。

07　**杠杆 / 筹码**　/ 097

不要低估自己手中筹码的价值，要保持筹码对他人的吸引力。使用时需要警惕筹码的阴暗面。

化学

01　**活化能**　/ 112

创造持久的变革要比单纯进行改革更难。不要低估打破现有化学键且生成强有力的新化学键所需的活化能。有些反应很耗时，而所有反应都需要一定程度的努力。

02　催化剂　/ 125

人和技术往往能起到催化剂的作用，加快社会变革和发展的步伐。

03　合金化　/ 136

通过元素的结合来提高强度，起到一加一等于十的效果。

生物学

01　进化（上篇）：自然选择与灭绝　/ 146

环境中的压力如何塑造群体，促使它们进化或者灭绝。

02　进化（下篇）：适应率和红皇后效应　/ 161

如何才能适应我们所面临的不可避免的变化。适应是指在你的环境中取得成功，所以如何定义成功便显得尤为重要。

配套理念一　竞争　/ 181

03　生态系统　/ 182

我们的家庭单位、工作团队可以作为独立的系统运作，但同时也从属于城市或组织的更大的生态系统，人们可以轻松跨越不同系统，在流动的同时给生态系统带来变化和挑战。

04　生态位 / 利基市场　/ 198

找到合适的搭配。知道自己属于哪种类型可以帮助你制定持续生存的策略。

05 **自我保护** /213

了解如何管理你的自我保护本能，可以帮助你真正明白如何激励自己和他人。

06 **复制** /227

从军事行动到风险投资，如何复制策略或成功，如何在不牺牲目标、价值观和愿景的情况下推动适应和创新？

07 **合作 / 共生** /239

合作可以帮助减轻个人负担，有时还能创造出全新的事物。

配套理念二　邓巴数字 /249

08 **等级组织** /251

我们可以不断完善等级制度，让它为我们所用，但很难完全摒弃它。在工作中，似乎无领导的环境要比有着糟糕领导的环境更加危险。等级制度过于严苛也会招致动荡和不稳定。

09 **激励** /265

发现并强化特定的激励可以改变我们的行为。了解激励对我们的作用机制可以让我们不那么容易被操纵。

10 **最小化能量输出的倾向** /279

最省力原则既适用于体力消耗，也适用于认知消耗。

融会贯通 /289

后记 /291

致谢 /293

序言

这个世界美丽又迷人，充满各色奇珍异宝，但也并非完全神秘莫测。人类对大千世界或许还算不上了如指掌，事实上，我们甚至常常觉得自己只是略知皮毛，但至少我们掌握了事物运作的一些基本原理。正是这些基本原理构成了法纳姆街思维模型的格栅，基于此，我们便可利用一系列宝贵的知识来应对新想法、新情况、新问题以及新挑战。

在"思考的框架"系列图书第一册[1]中，我们介绍了9个基本思维模型，帮助你为构建一个经久不衰的知识格栅打下扎实的基础。这些模型具有普适性，希望对你有所启发，在遇到生活中的机遇和挑战时能积极加以运用，最终达到事半功倍的效果。

在本书中，我们将继续探索物理学、化学和生物学的基本思想。这些学科背后的深刻思想可以广泛应用于生活的方方面面，从而帮助我们提升事业和人际关系，成为更好的自己。

物理世界的真相，无论是帮助我们操纵能量的力量，还是驱动一切生物活动的行为，都是可以指导我们做出正确选择的常量。

---

[1]《思考的框架》一书已由中信出版集团于2023年1月出版。——编者注

在《茶杯里的风暴：用日常之物揭开万物之理》一书中，海伦·切尔斯基讲述了"弗拉姆号"的故事，这艘船的设计原理是"与自然合作，而非对抗"。[1] 在 19 世纪末，人们对北极产生了极大的好奇心。只可惜凡是开往北极的船只都会被困在北极冰层中，动弹不得。随着船只周围的冰越积越多，其对船体施加的压力也不断增加，最终致使船体破裂。要想到达北极，就必须解决冰层的问题，而船体所面临的冰的总量及其施加的压力完全是未知数，人们只知道冰层对船体的压力上限要远远超出任何船只的船体强度。一位名叫弗里乔夫·南森的挪威科学家提出了建造"弗拉姆号"的想法——该船设计独特。"船体呈光滑的弧形，几乎没有使用龙骨，发动机和船舵可以直接抬升到水面上。当冰层来袭时，'弗拉姆号'就会变成一只漂浮的碗。如果从下方挤压像碗或圆柱体这样的曲面物体，它就会向上弹起。因此，一旦来自冰层的压力过大，'弗拉姆号'就会被推到冰层上方并被托在冰面上。"南森并未试图大刀阔斧地改进现有船只的设计，而是利用水结冰后体积膨胀的事实来制订设计方案。

在此后的三年时间里，"弗拉姆号"一直在北冰洋漂流，虽然还是没能到达北极，但却收集了大量宝贵的科学数据。它比过去任何船只都更接近北极，还以确凿的证据证明北极地区是一片海洋。这一切成就都归功于对一个问题的回答："我要如何与世界合作，而非与之对抗？"正如切尔斯基所总结的那样："面对水结冰后体积膨胀这一不可避免的事实，'弗拉姆号'没有苦苦抗争，而是利用这一规律横跨世界之巅。"

---

[1] Czerski, Helen. Storm in a Teacup: The Physics of Everyday Life. New York: W. W. Norton and Company, 2016.

采取与世界合作的方式会更有效,压力更小,也更容易达到目的。我们不应该把时间浪费在挑战不可能上。

关于"思考的框架"系列图书

"思考的框架"系列图书旨在启发思维、打破成见。我们希望授人以渔,不仅教给你知识,也提供一个思维框架,帮助你更好地运用知识。

本系列图书的目标之一是基于经久不衰的知识提供一套决策工具,你可以反复使用这套工具来做出更好的决策。我们会用 5 本书的篇幅介绍 100 多个思维模型,定义、探讨源于各个学科的基本概念。接着,我们会将这些概念从其所属的学科中剥离出来,告诉你如何在意想不到的场景中加以应用。我们鼓励你深入研究新的理念来不断充实你的知识工具箱,但与此同时也要充分利用已学知识,以创新的方式加以应用,从而用全新的视角看待你所面临的挑战。在《思考的框架》(第一册)中,我们解释了思维模型其实只是事物运作机理的一种表现形式。我们用模型来保存知识,简化对于世界的理解。我们不可能每天重新学一遍所有知识,所以要构建模型来划分规律,从而更有效地驾驭世界。法纳姆街的思维模型都是经过事实反复验证的可靠原则。运用模型既意味着不同学科的融会贯通,也意味着敢于将知识运用于非常规领域。

并非每个模型都放之四海而皆准。建立思维模型的格栅,很大一部分工作就是学习识别哪种情况最适合使用哪种模型。这需要不断练习和试错。在此过程中,及时反思、总结非常重要。在模型应用失败时要分析失败的原因。久而久之，通过反思对单个模型的使用情况，你就能明白不同模型的最佳应用场景。分析模型成功应用的原理也能让你清楚未来在何种情况下可以再度使用。

关于本书

本书解释、探讨了源于物理学、化学和生物学的核心思维模型。读者无须拥有这些学科的学位，但如果碰巧有，本书或许可以帮你以全新的视角看待这一学科。我们选择的都是各领域中最基础的模型，适用范围远远超出其学术应用领域。在每章中，我们会先解释科学原理，再将概念融入现实中的例子。我们希望让你了解每个概念的实际应用并举一反三，在日常生活中找到类似的应用场景。为此，我们会探讨如何将科学应用于历史故事和主题，将模型作为观察世界的镜头。

在阅读本书的过程中，你会逐渐了解一定的规律，明白自然系统的运作方式和人类的组织方式其实十分有限。生物成长的规律适用于经济增长，化学反应的规律也适用于其他变化过程。此外，个人的经验教训也可以应用于团队和组织。学习思维模型可以帮你更快地识别出各种情况下真正发挥作用的因素。见他人所不能见，方能避免酿成大错。

本书中的一些模型（特别是在物理学部分）就像隐喻。我们旨在向读者展示如何使用这些模型找出在日常生活中发挥作用的因素或力量。当一个问题看起来错综复杂，或者人的行为让你感到不可思议时，这些模型让你得以一窥背后的原因。你知道得越多，就越容易设计出行之有效的解决方案。

而其他模型（特别是源于生物学的模型）则有更直观的应用。尽管这些模型也有助于理解某些事物背后的成因，但它们可以更直接地应用于人类行为，可以对应你的生活经历，针对常见问题提供更好的解决办法。例如，"惯性"多用于比喻为何有些错误观念如此根深蒂固，而"合作"的概念则可以直观地应用于识别商业机遇。

最后，务必谨记，一切科学模型都是价值中立的，可以用来阐明任何情形积极或消极的一面。决定权在你手里，你应该问自己，这个模型告诉了我什么是不该做的？它能在何种情况下帮我找到更好的前进道路？

你可以通过我们选取的故事了解不同模型在应用上的差异。每个例子都经过精心挑选，以便读者了解模型的应用范围。你可以把每个故事的元素当作路标，指引你在生活中找到最适合使用某一模型的类似情形。

最重要的是要记住，所有模型都只是工具。工具就是拿来不断尝试和探索的，要通过反复试验习得每个工具的用途。你无法单靠任何一个工具解决所有问题，就好比你打开一个工具箱，里面既有用来敲钉子的锤子，也有用来拧螺丝的螺丝刀，经过练习你就能明白何种情况该用何种工具。最好的方法是首先要保持好奇心，在打开每一章时，以开放的心态学习和更新知识。其次就是练习，每天选一个新模型应用于你所处的情境中，看看你能否以此提高理解和决策能力。最后是反思，花点儿时间分析、总结模型应用成功和失败的原因。如此，你便能逐渐了解这个工具箱的全部潜力。

让我们开始吧。

物理学

01　相对性

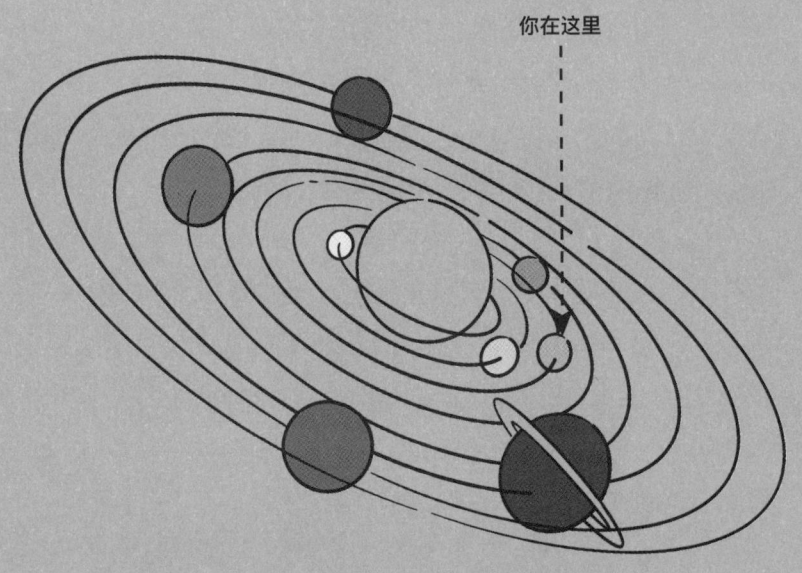

你在这里

正确看待事物。

我们觉得别人错了，通常都是因为他们看问题的角度与我们不同。相对性能帮助我们理解其实看待事物的角度不止一种。但这并不意味着每个人的视角都同样合理，只是说也许我们并不知晓某个问题或情况的全貌。

相对论建立在同理心的基础之上。不是普通情感意义上的同理心，而是严格科学意义上的同理心。
关键是要想象，在一个运动方式与你不同的人看来，事情是什么样的。[1]
——史蒂夫·斯托加茨

改变世界的思想实验

有两个著名的思想实验对相对性的解释最为清晰，实验者分别是伽利略和爱因斯坦。每个实验都描述了一种情形，以展示客观存在的不同视角。

17 世纪 30 年代，伽利略发现只要两个观察者以恒定的速度和方向运动，他们进行的所有力学实验都会得到相同的结果。

伽利略最初的思想实验描述的是一位乘船出行的科学家。轮船匀速行驶，科学家在甲板下面，没有舷窗，因此也就没有判断轮船运动的参考系。当科学家在腰部位置松手让小球落下，他只会注意到小球在重力作用下垂直方向的运动，观察到小球垂直向下落到船舱地板上，小球在水平方向的运

---

[1] Strogatz, Steven. *The Calculus of Friendship*. Princeton: Princeton University Press, 2009.

动则是科学家没有察觉到的。其实在小球下落的过程中，科学家和小球也随着轮船进行水平运动。

因为视角不同，站在附近海滩上的人或者水里的鱼等外部观察者能看到小球的完整运动。由于身处轮船外，他们对现实的了解更为全面。船上的科学家则必须刻意记住，他和小球都在随着船一起水平运动。也许你会觉得科学家理应察觉到船在运动，毕竟这非常明显。但不妨先思考一下你是如何看待自己每天在宇宙空间中的运动状态的。你可能觉得自己现在保持静止，但只要你在地球上，你就在以每小时 67 000 英里[1]的速度绕着太阳转。伽利略提出了这个思想实验，部分原因是他相信哥白尼是对的，地球本身是在运动的，只是我们无法感知。

伽利略证明了视角会影响我们对现实的感知和对世界的理解。他的思想实验具有普适性。想象一位科学家在船上做实验，你扪心自问，鱼看到的是什么情景？和科学家的体验又有何联系？想象一下，如果你是水里的一条鱼、船上的科学家，又或者是天空中的一只鸟，那你就会明白为什么针对同一起抢劫案，不同目击者的描述竟会天差地别。

20 世纪初，爱因斯坦在打磨狭义相对论时使用了另一个著名的思想实验，用公式 $E=mc^2$ 将质量和能量联系起来。这个公式表明，能量等于质量乘光速的平方。根据这一理论，爱因斯坦指出光速在任何匀速运动的参考系中都保持不变，因此没有固定的参考系可用于衡量物理定律。这其实就是

---

[1] 1 英里约合 1.609 千米。——译者注

思想实验

在《思考的框架》(第一册)中,我们专门用了一章来介绍思想实验,因为它是极具价值的思维模型,常被科学家用作研究工具。思想实验能让我们挑战不可能,评估行为的潜在后果,并重新审视历史以做出更好的决策。其本质是严格运用科学方法,通过想象进行推断。

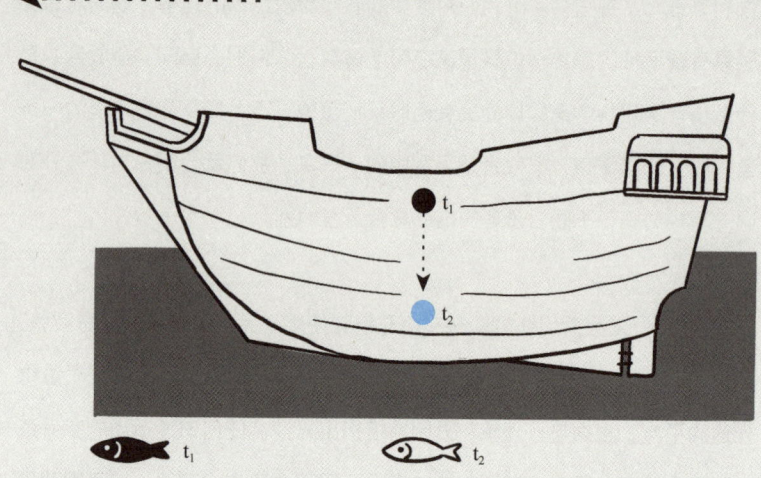

伽利略的观点，但他的观点在 18 世纪被束之高阁，因为当时流行的观点是存在绝对的参考系。爱因斯坦的狭义相对论复兴了伽利略的思想。

爱因斯坦用来描述狭义相对论的思想实验说明了相对运动的两个观察者对时间的感知有所不同。这意味着一个观察者眼中同时发生的两个事件，在另一个观察者看来可能是发生在不同时间的。事实上，两人都没错。我们来看一下下面这个实验。

想象你正目睹一列火车驶过，就在火车的中点经过你的时候，闪电击中了火车的两头。两道闪电离你的距离相等，所以你可以正确地推断出两道闪电是在同一时间击中火车的。

后来，你与乘坐这辆火车的朋友聊天，你说："太神奇了，竟然有两道闪电同时击中了你坐的火车。"

"不可能吧，"她回应道，"明明是火车头先被闪电击中的。"

你不相信她的说法，毕竟你目睹了整个过程。但她所经历的情况如下：她当时正坐在火车中部，假如火车是静止的，那么她就会和你一样同时看见两道闪电，但由于火车在行进中，车尾闪电发出的光要经过更远的距离才能到达她的视线范围，她先看见了车头闪电发出的光。因此，她得出结论：两道闪电不是同时击中火车的，火车头先被闪电击中。

这就是对同一事件的两种解释。两者都没错，差异就源于视角的不同。

伽利略和爱因斯坦都生动地证明了每个人的视角都是独一无二的。在日常生活中，这意味着你能见他人所未见，但也意味着你不会自然而然地就通过别人的视角看问题。客观的现实是存在的，但是谁也不可能毫不费力就知晓全貌。我们做出的决策不够好，现在你还觉得意外吗？

视角的主观性

你现在应该能明白，你看待问题的视角总是不完美的，不可能一次就看清一切，也不能完全相信别人也能看到你所看到的。你看到的虽然有用，但用处有限。你越不愿意接受和承认自身的局限性，你的视角用处就越小。要更好地理解现实，就需要考虑到参考系的局限性。必须认识到局限性在哪儿，在风险很高或者事关重大的情况下，采取必要措施来增加视角、改善认知。

视角决定体验。

现实中一定存在多重视角。对这一事实最基本的应用就是，我们两只眼睛看到的景象有所不同。大脑会调整每只眼睛的输入，让我们最终感知到单一的三维图像。两只眼睛整合后的景象要比每只单独看到的更加全面完整。由此可以引申出，整合多个视角会让我们看到的画面更清晰全面。在任何给定的时刻都只有一组信息进入视网膜，图像肯定无法反映周围发生的所有事情，也会因每个人所处位置不同而存在差异。

认识到多重视角的存在对于理解世界和你在其中的位置至关重要。我们所见的极其有限。具体而言，相对性强调了视角的主观性，也在一定程度上解释了为何这些年来目击者的证词逐渐失去了可信度。

在审判中，为了理解目击者的视角，有很多方面需要考虑。首先是客观因素：目击者的视力如何？目击现场当时的光线如何？目击的时间是否充分？除此之外，还有一系列心理因素需要考量：目击者当时心情如何？是否着急赶路？是否刚刚和配偶大吵一架？是否有动机采取某个特定的立场？是否持有某种偏见，比如认为某个种族犯罪率更高？是否愿意协助警察办案？以上所有因素都会影响目击者的所见所闻，也可以解释为什么两个目击者对同一情形的描述会截然不同，就像电影《罗生门》一样。

日本经典电影《罗生门》精彩呈现了一起犯罪中几位目击者证词的差异。人们在森林中发现了一具尸体，死者是一名武士，死于谋杀。犯罪嫌疑人是一名盗贼。在随后的审判中，盗贼、武士的亡魂（借通灵人之口讲述）、武士的妻子及目睹了谋杀全过程的樵夫分别提供了各自的证词。四人各执一词，一部分原因是每个人都想维护自身的利益，另一部分原因是每个人

观点采择

在心理学中,观点采择指的是从他人的角度看待问题的能力。这种能力不是与生俱来的,而是在整个童年时期培养而成的。我们习得的视角主要有两大类:一类是物理视角,比如你邻居家窗外的景色与你家窗外的景色不尽相同;另一类是观念视角,比如人们会有不同的感受或信仰,而这又会进一步影响他们的视角和观点。有些外在条件不利于培养这种充分理解不同视角的能力。尽管大多数人都能认识到普遍存在不同的观点,但我们往往疏于培养这种理解能力。

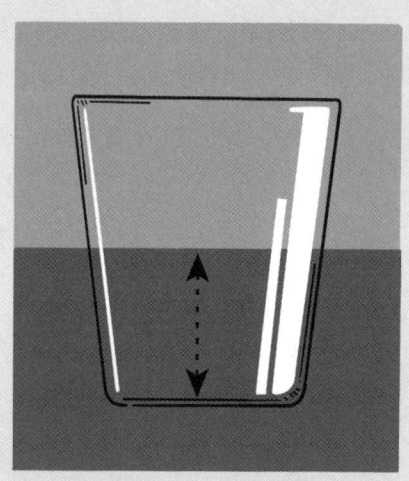

都只能通过单一的视角，即他们自己的视角来理解事件的发展。《罗生门》之所以特别生动有趣，就在于结尾并没有将"真相"呈现给观众，观众看到最后也不明白到底真相是什么，生活恰恰就是如此。留给人们的只有相互矛盾的证词，暗示着每份证词都已成为相应目击者眼中的真相。

此外，我们的记忆也不是完全可靠的。我们往往以为记忆就像录像带，能真实地还原每一个场景，但现实则要复杂得多。我们的记忆是高度主观且可塑的。我们经常弄错记忆的来源，比如目击者误以为他们在新闻中读到的关于案件的细节是他们亲眼所见的。我们也很容易受他人影响，比如当警察提出诱导性问题或使用煽动性语言时。

我们对过去的记忆也会被我们现在已知的信息扭曲，比如当目击者在案件中了解到一条新的信息，他们会觉得自己在案发当时就已经知道了。[1] 如此种种的记忆扭曲增强了目击者报告的主观性。人们常会重塑自己的记忆，以贴合头脑中原有的信念。我们会坚持自己最初的认知，无意识地调整记忆来佐证我们自以为最初看到的内容。

当陪审团听取目击者的证词时，他们必须厘清目击者的视角所受的限制和影响，以及目击者自身利益和时间对其记忆的扭曲作用。这绝非易事。我们来看一个例子。

---

[1] Schacter, Daniel L., and Scott D. Slotnick. "The Cognitive Neuroscience of Memory Distortion." *Neuron* 44, no. 1 (2004): 149–60.

2000 年 7 月 4 日上午，时年 20 岁的克里斯·金尼森在美国华盛顿州格雷斯港县洋滨市的一家便利店的停车场遇害。犯罪嫌疑人名叫洪明德，他和自己的孪生兄弟洪雄一起来这里看烟花秀。两人都是亚裔美国人，而金尼森是白人。在随后的审判中，十几名目击者提供了证词。正如戴维·内沃特在《独立日之死》一书中所述："每一份证词似乎都存在与先前证人的描述相冲突的说法，结成了一张扑朔迷离的大网，充斥着相互冲突的个人利益，让人深思这究竟在何种程度上影响了不同证人的证词。"[1] 许多目击者声称自己看见了某些事物，可一旦明确他们在暴力事件发生时所处的位置，就会发现他们根本不可能看见这些事物。还有些人明显受到他们与受害者的关系（受害者是本地人，而被告是外地人）的影响。种族偏见也发挥着重要作用，内沃特在书中证明了洪明德首先是仇恨犯罪的受害者，而他之后的行为其实都是出于自卫。

据目击者称，金尼森向洪明德和他的朋友们一边挥舞着联邦战旗，一边骂着种族歧视的脏话，还做手势威胁洪明德，表示要伤害他。洪明德担心自己的人身安全，就从便利店拿了一把刀。在金尼森殴打洪明德的兄弟时，洪明德用刀捅了他。金尼森在此前曾被指控种族主义暴力威胁。[2]

不少目击者都喝了酒，许多人承认自己当时受到惊吓。由此产生的记忆扭曲意味着陪审团无法从每个证人那里得到可靠、一致的描述，只能尽可能通过

---

[1] Neiwert, David A. *Death on the Fourth of July: The Story of a Killing, a Trial, and Hate Crime in America.* New York: Palgrave Macmillan, 2004.

[2] Egan, T. "A Racist Attack, a Town Plagued." *New York Times*, October 15, 2000.

细节拼凑还原出当时现场的情况。接着，陪审团要评估每个证人说法的可信度，及其是否符合相应物理视角所受制的物理定律。一条生命已经终结，另一条生命的未来完全取决于陪审团如何突破自身视角的局限来厘清证词。

经过审议，由于陪审团无法做出裁决，法官宣布审判无效。陪审团透露，他们无法达成一致意见，以 11∶1 的比例陷入僵局，多数人支持无罪释放。有趣的是，故事以一种模棱两可的方式告终。陪审员坚持自己的立场，认为洪明德的行为属于正当防卫。当地的治安官办公室认识到洪明德是仇恨犯罪的受害者，他们成立了一个教育培训项目，以便将来更好地应对此类情况。但是，内沃特写道："如果在洋滨市有任何挥之不去的情绪，那就是对洪明德审判结果无声的不满。尽管陪审团的结论与此不同，但许多本地人，尤其是那些认识金尼森的人，都认为正义没有得到伸张，凶手依然逍遥法外。"

洪明德一案呈现出的相互矛盾的多重视角其实并不鲜见。我们应该都经历过自己对事情的看法与旁人截然不同的情况。你如果想对自己所处的形势有全面透彻的了解，那么就要意识到并想办法弥合不同视角之间的差距。你看到的永远不是全部真相。

---

[1] 在美国的陪审团制度下，刑事案件要求陪审团 12 名成员一致同意才能定案，否则会导致无效审判，即在法庭做出决定或裁决之前，终止审判并宣布本次审判不具法律效力。无效审判等于没有审理，如果该案被重新提起诉讼，所有程序需要从头开始，与新案无异。——译者注

> 约翰，开始人们以为地球是平的，他们错了。
> 后来人们以为地球是球形的，他们又错了。
> 但如果你觉得认为地球是球形的和认为地球是平的是同等的错误，那你比这两者加起来错得都离谱。[1]
> ——艾萨克·阿西莫夫

借助他人的视角

视角的局限性影响了世界运转的机制。正如我们所见，了解真相的最佳做法就是从多个角度考虑问题。但我们毕竟不能穿越回过去，改变自己当时所处的位置和视角，那还能怎么做呢？这就是思想实验可以派上用场的地方。回想一下伽利略描述的科学家在船上做实验的场景，虽然科学家不能悬浮在海里观察船只驶过，但可以想象出海中鱼儿眼中的景象。

思想实验不一定是字面意义上的，不必局限于已经发生或者可能发生的事情。科学家在考虑鱼的视角时，完全可以天马行空，大胆想象船是玻璃做的，而水像空气一样透明。实验也不局限于鱼的视角，毕竟我们不仅能通过眼睛，也会通过我们的经历、偏见和欲望等来获得视角和观点。

你如果觉得有些人的行为毫无道理可言，那么不妨问问自己，在你看来，要让这些行为有意义，这个世界得是什么样子。虽然我们都对事物抱有自己的看法，但我们的目标是通过消除误导判断的因素扩大视角范围，从而更准确地还原现实。其中最好的方法就是多留意、观察你周围发生的事情的细节。

---

[1] Asimov, Isaac. "The Relativity of Wrong." *The Skeptical Inquirer*, 1989.

> 了解不同民族的风俗习惯大有裨益，可以帮助我们更好地评判本乡的风俗习惯，这样就不会像井底之蛙一样，觉得但凡与本乡风俗不同的事情都是荒谬至极、不合常理的。[1]
>
> ——笛卡尔

有一个有趣的故事，主人公是1815年抵达伦敦的6名穆斯林学生，其中1人将他的观察和经历都记在了日记里。[2] 这个故事很有启发意义，为探索偏见的影响及如何通过他人的眼睛看世界打开了一扇大门。彼时，英国和伊朗在政治上结为盟友。伊朗王子派这些学生前往英国学习其国力强盛的成功经验。他们要学习技术、医学和军事等方面的知识，以帮助伊朗超越邻国，尤其是俄国。

那名写日记的学生名叫米尔扎·萨利赫。在《陌生人的爱》一书中，奈尔·格林根据这本日记及这些学生写的信件，翻译并整理了他们在英国的所见所闻，生动体现了如何利用相对性来理解"视角"这一概念。

格林讲述了米尔扎·萨利赫参观大英博物馆的经历。在大量馆藏中，有一部分来自古伊朗遗址。这是萨利赫第一次以比较的方法解读伊朗历史，伊朗的艺术成就与古埃及、古罗马、古希腊的艺术成就并列展陈，帮助他以

---

1 Descartes, Rene. *Discourse on Method*. Fourth edition, translated by Donald A. Cress. Indianapolis: Hackett, 1998.

2 Green, Nile. *The Love of Strangers: What Six Muslim Students Learned in Jane Austen's London*. Princeton: Princeton University Press, 2016.

全新的方式看待历史。萨利赫在日记中花大量笔墨总结世界历史，将比较法应用于研究法国、美国和印度的历史，通过联系和对比的方法理解历史的进程，由此可见比较法对他产生了深远的影响。

正如萨利赫所发现的，我们并非冷静、中立的观察者，个人情感会蒙蔽我们的双眼。而问题就在于大多数人通常会忘记这一点，我们习惯于坐在爱因斯坦的火车上，以至于忘记了它的存在。但是，去陌生的地方旅行可以让我们想起自己乘坐的火车，以全新的眼光看待它，更好地理解它的大小和形状，并提醒自己：不是每个人都坐在火车上。

还有一个故事也能充分说明融入别人的视角可以极大地丰富我们自己的视角，那就是里法阿·拉费阿·塔赫塔维[1]的亲身经历。塔赫塔维是埃及人，在19世纪20年代末前往巴黎旅行，并在他撰写的《两个世界》一书中详细记录了自己耳闻目睹的点点滴滴。这本书详细描绘了19世纪20年代末的巴黎社会，读者可以从中了解法国当时的社会习俗和城市居民的特质，以及他们是如何化解科学发展与宗教情感之间的矛盾的。

这本书也让我们得以窥见作者塔赫塔维的内心感悟，从中得出一些结论。他的书更像是一份纪实报告，详细罗列了有关外国文化的细节。他是一个观察者，不仅要了解法国人，而且要了解他所看到的一切与法国文化和法国的世界影响力有何联系。他希望能借此获取新知，再带回埃及，促进国

---

[1] 里法阿·拉费阿·塔赫塔维（Rifa'a Rafi'al-Tahtawi, 1801—1873），埃及作家、教师及学者。塔赫塔维在25岁左右第一次去往巴黎，这次旅行点燃了他探索东西方关系的热情。他一生都在思考如何利用本国文化实现伊斯兰原则的现代化，以及如何适应这个日新月异的世界。值得一提的是，塔赫塔维将成千上万的欧洲语言文本翻译成阿拉伯语，促进了跨文化的知识传播。

内发展。在法国度过的这段时光改变了他对本国文化的看法，回国后，他开展教学工作，传授自己在法国所学的知识。[1] 丹尼尔·L. 纽曼在为塔赫塔维的书所作的序中表示："最终，塔赫塔维在巴黎待了 5 年，他在巴黎收获的经验、知识和技能……对他祖国的文化和科学发展产生了决定性的持久影响。"塔赫塔维丰富了自己的视角，以此推动埃及的重大变革。

他人对事物的表述表明了其立场，仅代表其个人的视角，而非对现实全面准确的描述。努力理解别人的视角可以帮助你理解他们的表述方式，以及影响他们对世界看法的信仰和偏见。

"相对视角"和"表述"这两个核心概念有着广泛的应用。每当别人给你一些内容，无论是一个观点、一份报告、一篇文章，抑或一个计划，不妨思考一下它是如何表述的。这些信息涉及谁，他们持有怎样的立场？了解影响一个人如何表述问题的因素能帮助你理解他们的视角，并借此丰富自己的视角。

为了更好地理解本国文化，萨利赫和塔赫塔维将其与外国文化进行比较，他们的经历彰显了考虑他人视角并将其与自身视角相比较的价值，借此，你可以更全面地了解自身所处的环境和其中潜在的机会。这也是出版业严重依赖编辑、研究（论文）需要同行评审以证明其可信度的原因所在。内外观点相结合，能有更好的产出。

---

1 Al-Tahtawi, Rifa'a Rafi'. *An Imam in Paris*. Translated and Introduced by Daniel L. Newman. London: Saqi Books, 2011.

多重视角往往来自不同距离或时间。你如果想解决一个问题却毫无头绪，不妨试着改变一下自己的站位。比如，离远一点儿考虑大局，靠近一点儿观察细节，或者设身处地考虑其他利益相关者（客户、供应商、合作伙伴和政府等）的视角。拉长时间线来看，许多问题就会变得更加清晰明了。在几周、几个月甚至几年后，情况会发生何种变化？考虑不同的视角可以让你更全面地了解真实情况。

结论

物理世界中存在感知的主观性，部分原因是所有事物相对其他事物都在运动。如果回到爱因斯坦的思想实验，那就是相对每个观察者的位置，闪电和火车都在运动。我们的视角也具有类似的复杂性。

重要的是理解多重视角的复杂性和价值。没人拥有上帝的视角。多重视角的相互叠加有利于减少盲区，让我们对现实拥有更具质感、更真实的感知。此外，生活中难免遇到未知事物，必须借助自身的经验加以理解。

我们都会陷入困境，在知音难觅、不被理解时心灰意冷，在停滞不前、无法深入理解世界时气急败坏。这时候有必要牢记相对性，跳出自我，刷新自身的视角。

物理学

02　相互作用 / 互惠互利

———
礼尚往来。

相互作用或者说互惠互利告诉我们，为什么要建立互利共赢的关系、为什么服务员会在账单旁边放几颗糖果、为什么要花最小的力气来获得想要的结果，以及为什么许多公司都不允许员工收礼。相互作用这个模型说明了为什么"给予"其实和"占有"拥有同等的价值，也促使我们将黄金法则[1]改写为"己所不欲，勿施于人"。那么，究竟什么是相互作用呢？

在物理学中，"相互作用"一词出自牛顿第三定律，表述为：对于物体 A 对物体 B 施加的每一个力，物体 B 都会对物体 A 施加一个大小相等但方向相反的力。每一个力都涉及两个物体之间的相互作用，一个物体施加的作用力，必然伴随有另一个物体施加的大小相等、方向相反的反作用力。力总是成对出现的，没有反作用力的作用力是不存在的。

如果我向上跳起，在落回地面时，我会对地面施加一个向下的压力，地面也会施加给我一个向上的支持力。即便我站着不动，地球也会对我施加一个力，那就是重力（地心引力）。地球对我施加的这一引力必然伴随着我对地球施加的反作用力。

在自然界中，牛顿第三定律解释了喷气推进的原理。"推进"（propulsion）一词源于两个拉丁语词根，分别表示"前进"和"驱动"，意指推进是一种驱动物体前进的力。[2] 喷气推进的原理是使物质（如燃料燃烧产生的气体）向一个方向运动，从而致使飞行器朝着相反的方向运动。无论是烟

1　黄金法则指源自《圣经》的道德行为准则：希望别人怎么对你，你就要怎么对待别人。——译者注

2　n.d. "Beginner's Guide to Propulsion." NASA. Accessed August 12, 2019. https://www.grc.nasa.gov/www/k-12/airplane/bgp.html.

花、枪支，还是硕大的宇宙飞船，运作原理莫不如此。

只有当向前的推力大于作用在物体上的其他力（如空气阻力和物体自身重力）时，喷气推进才能起到效果。与阻力（妨碍物体运动的作用力）相比，推力越大，物体的运动速度越快。章鱼和鱿鱼的前进方式和飞行器相似，运动时会将水先吸入外套膜，再通过虹吸管高速喷出，以抵消自身重力和水的阻力。因为动物对水施加的作用力必然伴随着水对动物施加的反作用力，章鱼和鱿鱼便能借此完成运动。

以美式橄榄球中的擒抱为例，防守方球员为了将进攻方持球员擒抱倒地而施加在持球员身上的力，与防守方球员做擒抱动作时身体所感受到的力大小相等。你不可能只施加作用力却不用承受反作用力。对擒抱动作来说，这一点至关重要。如果防守球员感受不到反作用力，那么在擒抱时也就不必讲究策略。若真如此，那谁还愿意当持球员呢？要是施力者都安然无恙，那必然谁都希望做施力者。

但由于现实并非如此，擒抱本质上就是要花最小的力气拦截持球员，使其倒地。这对持球员更好，对做擒抱动作的防守球员也更好，因为你对别人施加的力越大，对自己造成的伤害也就越大。相互作用可以总结为：你对事物采取的行动，都会反作用到你自己身上。

---

1 外套膜是软体动物覆盖体外的膜状物，一般包裹着内脏团和鳃。外套膜与内脏团之间与外界相通的空腔为外套腔，通常排泄孔、生殖孔和肛门都开口于外套腔，故有便于水流进出，辅助摄食、呼吸、生殖、运动的功能。——译者注

互惠互利

你如果想了解一个概念有多常见,不妨看看一个社会中的方言。英联邦国家的英语使用者有不少近义表达,表明互惠互利是理想社会运作的基础。拉丁语"Quid pro quo"意为"以一物换一物",在16世纪得到广泛使用。此外还有"礼尚往来"(give and take)、"以牙还牙"(tit for tat)和"你帮我挠背,我就帮你挠背"(if you scratch my back, I'll scratch yours)。这些表达背后都暗含着对互惠互利的期望,可以用另一个拉丁短语"do ut des"加以概括,意为"我给,你也给"。

相互作用的两个物体之间的作用力和反作用力总是大小相等，方向相反，作用在同一条直线上。
——牛顿第三定律

我们所给予的

如果每次你为世界做了一件好事，你的生活就会得到同等程度的回报，那就太美好了。但不幸的是，我们都知道这不是事实。有时候，好心办了坏事，好人得不到好报。虽然常言道"好人没好报，恶人乐逍遥"，但善恶因果依然是真实存在的。运用相互作用这一模型可以帮助我们理解，为什么多做善事必有福报。我们可以通过加拿大外科医生诺尔曼·白求恩[1]的一生，来体会"相互作用"的深刻内涵。

白求恩并不是通常意义上的志愿者，他并未将所谓的志愿活动当成对日常生活的一种补充，而是将帮助他人完完全全融入了自己的工作和生活之中。他的志愿者身份源于他一切出于自愿，不图个人利益。因此，他的故事为真正探索"相互作用/互惠互利"这一概念提供了一个有趣的例子。你在付出后能获得什么回报？这两股力量相互作用时又会产生怎样的冲突？

白求恩的爷爷是一名医生，受其影响，白求恩从小就梦想成为一名外科医生。他在第一次世界大战期间完成了学业，其间还自愿在战场上参与医疗救治。20世纪20年代，白求恩在美国和加拿大行医，最终定居加拿大蒙

---

[1] 诺尔曼·白求恩（1890—1939），国际主义战士，加拿大医师、医学创新者。白求恩发明了世界上第一个流动血站。

特利尔。他起初专做胸外科手术，专业过硬，声名远扬。但他始终希望能够在手术之外帮助更多的人，并以各种方式追求这一目标。

20世纪30年代初，白求恩在蒙特利尔为穷人提供免费的医疗服务，他打造了一间免费诊所，每周营业一次。他呼吁推广全民医保，表示许多健康问题都是由贫困及雇主的疏忽造成的。此外，他还开创性地利用无线电广播提高公众对结核病的认知。白求恩奉献了自己宝贵的时间、精力和智慧，努力切实地改善贫困人口的生活。[1]

20世纪30年代，他看到了苏联社会化医疗体系的优越性，于是成为共产主义的支持者，加入了加拿大共产党。这样的政治信仰使其在改善医疗服务的普及性和成效方面持续前行。

1936年，在西班牙内战期间，白求恩设计、开发了历史上第一个流动血站，可以在采血车上抽取、储存血液，也能给患者输血，最重要的是，可以将其用于战场前线。这是一项了不起的发明，挽救了无数人的生命，并启发了二战中医疗手段的创新。

白求恩在西班牙及后来在中国所做的一切都不是为了赚钱。他在外科医疗领域的所有创新和发明，包括流动血站，不曾为他带来分毫收益。

1938年，白求恩前往中国，希望帮助中国人民。时值抗日战争期间，他

---

[1] Deslauriers, Jean and Denis Goulet. "The Medical Life of Norman Bethune." Canadian Respiratory Journal. Nov-Dec 2015, 22(6), e32-e42.

信仰共产主义，全力支援中国军民的抗战事业。白求恩参与开展军区卫生机关的组织领导工作，即刻着手打造现代化的医疗队伍。

为帮助中国人民取得战争的胜利，他沿袭之前的做法，将外科医生带上战场，设计移动手术设备，提高伤员的存活率。他还针对医生、护士广泛开展培训，在尚无医护人员的地区建立医院。德斯劳里埃和古莱特在《诺尔曼·白求恩的医学生涯》一文中写道："他有勇气、决心和意志，在时代需要时充分发挥聪明才智，展现出积极进取和无私奉献的精神，积极回应社会关切，实乃卓尔不群。"他在中国的短短18个月里取得了不凡的成就，最终因在抢救伤员时不幸感染，死于败血症，以身殉职。毛主席发表悼词，称其为"一个有益于人民的人"。

时至今日，白求恩依然是中国人民心目中的英雄。他在中国创办的第一家医院至今仍存于世，他的故事更是写进了小学课本。

尽管白求恩一生都在行善积德，做出了许多积极贡献，但他的故事并未充满掌声和鲜花。正因为在战场上努力救死扶伤，白求恩在49岁就因公殉职，可谓英年早逝。冷战时期，共产主义被视为对西方民主的威胁，因为其共产党员的身份，加拿大将他从历史上抹去。他的个人生活并不幸福，性格强势也使得他在同事中人缘不好。

通常人们会用"牺牲"来形容白求恩的一生，他牺牲了个人感情生活、加

---

[1] Quoted in Allan, Ted and Sydney Gordon. *The Scalpel, the Sword: The Story of Doctor Norman Bethune.* Toronto: Dundurn Press, 2009.

拿大社会的认可，最终还牺牲了自己的生命，只为践行自己的信仰和价值观。但从相互作用的角度来看，这个故事也可以有另一种解读方式。

在一篇关于志愿服务对成年人健康益处的论文中，作者表示："志愿服务对健康的提升效果已经被充分证明。研究发现，参加志愿活动者，未来的身心健康程度、生活满意度、自尊和幸福感更高，抑郁症状、心理压力、死亡率和功能障碍则会减少。"[1] 已经有多项研究证明了志愿活动给志愿者带来的裨益。我们可能会出于各种各样的原因投身志愿服务，比如兴趣、目标或者价值观，但无论如何，志愿服务都是有益健康的。

关于志愿活动益处的研究不禁让人联想到前述"相互作用"的概念，比如力总是成对出现，作用力必然伴随反作用力。虽然志愿服务不受物理定律支配，但借此概念可以更好地理解志愿活动的吸引力所在，理解为何有些人会选择舍己为人，不惜牺牲自我也要帮助他人。

关于志愿服务的研究清楚地表明，赠人玫瑰，手有余香。帮助他人会改善自身健康状况，让我们对自己和自身在世界上的地位更满意，也让生活更有意义。要理解白求恩这样的人为何愿意冒如此大的风险，一种思路是其实他们得到的好处与他们的付出是成正比的。这里的"好处"不一定指遗产或奖励，虽然有时确实会有。对白求恩而言，尽管由于他的政治立场，北美人纠结了几十年才将他视作一位敬业的医学创新者，但中国始终对他做出的贡献不吝赞美。

---

[1] Yeung, Jerf W.K., Zhuoni Zang, and Tae Yeun Kim. *Volunteering and health benefits in general adults: cumulative effects and forms.* BMC Public Health, Issue 18, Article 8. July 2017.

不过，也许这里的"好处"更应该被理解为个体对自己所做选择的满意度。做的善事越多，越能让人感到愉悦。白求恩的故事明显体现出，他行善的动机绝不是为了受到认可，而是一种真心帮助他人的渴求，正是这种渴求给他带来了不竭的能量和动力。很有可能的是，他从未将自己的一生视为一种牺牲，而是从对他人的帮助中获得满足感。

历史上有许多人都像你现在这样，在道德和精神上有过彷徨的时期。幸而，他们中间有几个将自己彷徨的经过记录了下来。你可以向他们学习——只要你愿意。正如你有朝一日如果有什么贡献，别人也可以向你学习。这真是个极妙的轮回安排。[1]
——J. D. 塞林格

"双赢"的兴起

在物理世界中，相互作用的法则是百分之百适用的。你击打墙壁的作用力越大，拳头受到的反作用力就越大，对你和墙壁造成的伤害也就越大。在生物世界中，互惠互利并非金科玉律，但据观察，绝大多数情况下依然适用，因此对其加以利用具有显著的长期效益。

进化生物学家认为，我们采取互惠行为的本能是进化的自然产物。在别人的帮助下，你更有可能活下来；而如果你过去对他人施以援手，你就更有

---

[1] Salinger, J. D. *The Catcher in the Rye*. New York: Back Bay Books/ Little, Brown and Company, 2018.

可能得到他人帮助。因此，控制这一本能行为的基因更有可能代代相传。由此可见，人类文明得以延续至今，仰赖于我们建立的可靠有用、值得信赖的社会关系。

人类相互之间存在两种类型的互惠：直接型（"我帮你，你帮我"）和间接型。间接型又分两种，其一是善行接力（"我帮你，你再帮别人"），其二是建立声誉（"我帮你，从而建立起助人为乐的名声，这样将来就会有人帮我"）。以上方法均行之有效。

虽然人类社会的互惠不如物理学上相互作用那般可靠，但这一概念依然可以帮你取得更好的结果。有时我们积极乐观，主动让步，却发现一切都是徒劳，得不到任何回报。就好比你走在街上对陌生人微笑，大多数人会回以微笑，但偶尔也会遇到冷若冰霜的人。我们往往会忘记对方报以微笑的时候，只记得路人的冷漠，于是我们便不再微笑。然而，我们因为大胆尝试没有得到回报而偶尔感受到的损失，其实远比其余时间内得到的回报小。如果你想了解互惠行为的真实价值，只要在任意给定的一周内列出你得到的积极和消极结果，比较一下便知。如果我们与每个人都建立、保持双赢的关系，那生活就会更轻松愉快。如前所述，选择互惠行为始终是流淌在我们血液中的本能。

回到公元前 1250 年前后的地中海东部。该地区的大部分权力都掌握在古埃及、赫梯（今土耳其境内）、亚述和巴比伦的四位国王手中。他们彼此无甚好感，确切地说，"他们互相之间极度不信任，经常发生争吵"[1]。彼时，展示军事实力是国王在臣民眼中树立权威的重要方式，因此四个地区之间总是冲突不断，小到擦枪走火，大到全面战争，打仗可谓家常便饭。

接着，有一天，正如特雷弗·布赖斯在有关"永恒条约"的文章中所述，在古埃及与赫梯之间开启"军事大决战"的15年后，发生了一件有趣的事情——两国国王决定签署世界上首个和平条约。

这里的"和平"并非全球意义上的和平——旨在建立一个没有硝烟和战争的世界。它更多指的是地区意义上的和平，双方想要建立互利共赢的关系。"永恒条约"奠定了两种文明之间直接互惠的关系。

古埃及法老拉美西斯的主要目标是打造"宏伟的建筑工程，并通过贸易和采矿积累王国财富"。他还面临其他安全威胁，尤其是西部的利比亚人。所以他希望签署条约，给自己争取一些喘息空间，好打造对他来说更为重要的政治遗产。现实情况是，如果始终疲于应战，就只能把资源分散到各个前线，分不出时间做其他事情；少了一个需要防守的边界，他就能腾出精力放到其他地方。

赫梯也面临类似的问题，即来自亚述日益增长的军事威胁。此外，赫梯国王哈图西里篡夺了他侄子的王位，迫切需要借助外部力量巩固王权。而拉美西斯在该地区德高望重，他对哈图西里统治地位的承认必将有助于维持

---

[1] Bryce, Trevor. "The 'Eternal Treaty' from the Hittite perspective." From http://www.thebritishmuseum.ac.uk/bmsaes/issue6/bryce.html,ibid. Downloaded November, 2018.

以牙还牙

根据博弈论，以牙还牙是多次重复的囚徒困境[1]博弈中最有效的一种策略。在囚徒困境中，如果合作，双方都受益；如果仅一方背叛，那么背叛方受益，另一方受损；如果两方同时背叛，双方都受损，但程度较轻。博弈论看似抽象，但对理解世界，无论是生物学中的群体选择，还是经济学中的合作，都具有重要意义。以牙还牙策略是指玩家在首轮选择合作，在之后的轮次中模仿对手上一轮的策略：若对手上一轮选择合作，则玩家在本轮选择合作；若对手上一轮选择背叛，则玩家本轮也选择背叛。和多次重复的囚徒困境不同，在单次发生的囚徒困境中，背叛被认为是最好的策略。

以牙还牙是由数学心理学家阿纳托尔·拉波波特定为一种博弈策略的，但它其实就建立在我们本能的互惠互利概念之上。这一策略告诉我们在与我们无法完全信任的人打交道时，最好的选择就是模仿对方的选择。鉴于我们很少能完全信任他人，尤其是当我们的损失意味着对方受益时，我们会倾向于以牙还牙。总的来说，我们认为这很公平、公正。如果有人帮助了我们，那下次在他们需要时，我们也会乐意施以援手。但如果他们在我们需要帮助时袖手旁观，那在他们遇到困难时，我们也不太可能雪中送炭。出于这个原因，进化倾向于筛选出群体中的合作行为——从长远来看，这对每个人都有利。

然而，直接以牙还牙的策略其实不如宽恕型以牙还牙有效。这一策略是指在对手背叛时，偶尔也可以选择合作。因为博弈双方很容易陷入相互背叛的恶性循环，除非其中一方决定合作。如果双方都在使用以牙还牙策略，有一方决定合作就能打破恶性循环，进入一个相互合作的良性循环。

生活就是一场多次重复、不断叠加的博弈。用彼得·考夫曼的话来说，"积极乐观，主动让步"必有回报。还要记住，人非圣贤，孰能无过。倘若对方没有恶意，不妨宽大为怀。

1
博弈论是现代数学的一个新分支，也是运筹学的一个重要学科，是研究具有斗争或竞争性质现象的数学理论和方法。博弈论考虑游戏中个体的预测行为和实际行为，并研究它们的优化策略。——译者注

2
囚徒困境是指两个被捕的囚徒之间的一种特殊博弈。两个共谋犯罪的人被关入监狱，不能互相沟通情况。如果两个人都不揭发对方，由于证据不确定，每个人都坐牢一年；若一人揭发，而另一人沉默，则揭发者因为立功而立即获释，沉默者因不合作而判刑10年；若互相揭发，则因证据确凿，二者都判刑8年。由于囚徒无法信任对方，因此倾向于互相揭发，而不是同守沉默。囚徒困境是博弈论的非零和博弈中具代表性的例子，反映个人最佳选择并非团体最佳选择。——译者注

赫梯国内的稳定。在与古埃及商定条约的过程中,"哈图西里希望拉美西斯支持他的领导地位,也就是间接承认他的直系后裔世袭王位,以便为应对未来的挑战提供一些保障"。

条约包含了军事联盟条款,规定对缔约国一方之攻击视为对另一方之攻击。事实上,在哈图西里统治期间,尽管亚述有兴趣也有能力,但并没有入侵赫梯,因此"很有可能,古埃及－赫梯联盟确实是对入侵者的有效威慑"。

基于自身利益的互惠仍然是互惠。从自己做好事到接受他人的善意,这是一个长期的过程。对拉美西斯和哈图西里来说,建立联盟的好处显而易见:他们得以退出耗资巨大的战争,转而将资源投入维护国内长期稳定和建功立业上。久而久之,双方你来我往的互动就会增加,因此,努力朝着互利共赢的方向推动是更好的策略。你帮助的人越多,就会有越多的人愿意帮助你。

结论

很多人似乎都寄希望于不劳而获,等着天上掉馅饼。这很不明智,因为根本不符合你日常观察到的人类行为。相互作用/互惠互利告诉我们,如果你对别人冷嘲热讽、粗鲁无礼,或者漠不关心,你很可能会受到同样的对待;如果你能多给他人机会,相信人性本善,那么你往往也能收获同样的善意。

你希望世界变成什么样子,就要先做到什么样子。你如果想拥有美好的亲

损失厌恶

损失厌恶是决定结果价值的原则之一。丹尼尔·卡尼曼这样解释损失厌恶："在进行直接比较时，损失会显得比收益大。"[1] 据他所说，人们愿意以损失 100 美元的风险，换取 250 美元的潜在收益[2]，因此损失厌恶系数为 1∶2.5[3]。这种对损失和收益截然不同的敏感程度源自生物进化的历史。如果生物把威胁看得比机遇更紧迫，其生存和繁衍的概率就更大。关于互惠互利，我们需要明白的一点是："我们更倾向于规避损失，而非争取收益。"这就是为什么走出舒适圈，与可能会忽视、拒绝我们的人打交道是如此可怕。因为在一次性的情况下，被拒绝所造成的痛苦比被接纳带来的愉悦更强烈。破解办法在于更多地关注总体结果，而非纠结于每个单独的情形。

[1]
Kahneman, Daniel. *Thinking, Fast and Slow*. Toronto: Anchor Canada, 2013.

[2]
本书中文版《思考，快与慢》已由中信出版集团于 2012 年 7 月出版。——编者注

[3]
Britton, Diana. 2016. "The Loss Aversion Coefficient." *Wealth Management*. September 15, 2016. https://www.wealthmanagement.com/equities/loss-aversion-coefficient.

> 子贡问曰："有一言而可以终身行之者乎？"
> 子曰："其恕乎！己所不欲，勿施于人。"
> ——孔子

密关系，那就成为一个美好的伴侣；你如果希望他人体贴善良，那自己就要体贴善良；你如果想让别人倾听你的心声，那就做一个耐心的听众。获得成功的最好方法是让自己配得上成功。在行为上做出的细微改变，最终会改变你的整个世界。

你付出什么，往往就会得到什么。因此，要改变世界，我们必须首先要改变自己。互惠互利教会我们，我们的言行举止会反过来影响自己。要记住，我们是这世界的一员，因此我们的所作所为并非毫无后果，而是环环相扣、相互关联的。

幸灾乐祸

Schadenfreude 是一个德语单词，"schaden"指损害，"freude"指欢乐，两个词合在一起，意为"对他人的不幸或痛苦感到高兴或满足"，即幸灾乐祸。正如蒂芙尼·瓦特·史密斯在《幸灾乐祸》一书中所述，在法国、日本、荷兰、丹麦、以色列、中国、俄罗斯及古希腊和古罗马等诸多国家，都有含义类似的谚语和词语。

"幸灾乐祸"与我们对互惠的意识密不可分。在一个人恶有恶报、咎由自取时，旁人幸灾乐祸的感受最为强烈。正常人不会因为看到老奶奶在街上摔倒，或者小狗被人踩了爪子而拍手叫好。但如果是一位恐同的政客不小心在推特上发了同性恋色情网站的链接，那我们可能就会肆无忌惮地嘲笑他。幸灾乐祸不是施虐癖，只是一种正常的感受，与我们的进化史和公平感有关。我们甚至把它作为一种与人增进感情的方式。[2]

研究显示，幸灾乐祸与三个因素有关：敌意、竞争和正义。首先，我们对某个特定群体的归属感会导致我们对群体之外的所有人产生敌意。外人的不幸会给我们带来满足感，因为我们认为这对自己的群体有利，即便事实未必如此。其次，看到别人倒霉会让我们产生一种强烈的优越感，因为相比之下，我们自己的形象会更好，自我感觉也更加良好。我们天生就爱比较，会根据每种指标将身边人划分等级，对自己相较他人所处的位置非常敏感。他人在各种意义上地位的下降对我们来说都是好事。地位始终是相对的。

最后，当现实与我们的互惠意识相吻合，一个人得到应有的报应时，我们也会幸灾乐祸。也许我们自己不愿或无法报仇，但看到上天做出了惩罚还是会很高兴。有时我们甚至会苦苦等待报应的来临，因为互惠的意识太过强烈，我们坚信"善恶终有报""君子报仇，十年不晚"。研究也佐证了这一观点，表明当我们认为一个人罪有应得时，会更加幸灾乐祸。[4]

---

[1]
Watt-Smith, Tiffany. *Schadenfreude: The Joy of Another's Misfortune.* New York: Little, Brown Spark, 2018.

[2]
Smith, Richard H. The Joy of Pain: *Schadenfreude and the Dark Side of Human Nature.* New York: Oxford University Press, 2014.

[3]
Wang, Shensheng, Scott O. Lilienfeld, and Philippe Rochat. "Schadenfreud Deconstructed and Reconstructed: A Tripartite Motivational Model." *New Ideas in Psychology* 52 (January 2019): 1–11.

[4]
Dijk, Wilco W. Van, Jaap W. Ouwerkerk, and Sjoerd Goslinga. "The Impact of Deservingness on Schadenfreude and Sympathy: Further Evidence." *The Journal of Social Psychology* 149 (2009, 3): 290–92.

物理学

03 热力学

———
减少混乱,找到秩序。

热力学定律为世界如何运转奠定了基础,可以帮助我们理解系统中的随机性和无序性,解释能量形式的转化、热量的传递方向,以及能量做功的本领。热力学最大的好处是适用于已知宇宙中任何地方的任何系统,具有普适性。凡是做功都需要能量,一切系统都趋向平衡。

为了进一步探索热力学模型所带来的启示,我们需要首先了解一下热力学的四大定律。

热力学第一定律:能量既不会凭空产生,也不会凭空消失,只会从一种形式转化为另一种形式,比如从光能转化为热能。热力学第一定律也称能量守恒定律,是关于能量转化和传递的定律。能量交换有两种形式——热和功。热是由于存在温度差而进行的能量交换,功是除热以外的一切能量交换形式的统称。功可以完全转化为热,热却不能完全转化为功。

热力学第二定律:一个孤立系统中的熵(系统的无序程度,可以简单理解为不能用于做功的能量)总是不断增加的。孤立系统会自发朝着热力学平衡的方向(即最大熵状态,物体之间没有净热量传递)演化。宇宙中的熵只会随着时间的推移不断增加。这一定律的影响之一是揭示了创造秩序需要耗费能量。没有能量的支撑,一切事物都会偏离秩序。

热力学第三定律:当温度接近绝对零度时,给定系统的熵接近一个恒定值。

热力学第四定律:又称第零定律。因为它虽然是在前三个定律之后才被提出的,却是其他定律的基础和前提。一般表述为:如果两个物体中的每一个都与第三个物体处于热平衡，则它们彼此也必定处于热平衡。

除了为世界的运转奠定基础，热力学定律还有许多引申应用。比如，成功源自比较，成为小池塘里的大鱼也是一种成功。我们可以重点展示自己比周围人多出的那部分价值；也可以认识到我们会受到他人行为的影响，因此要谨慎选择周围环境和交友对象。熵告诉我们，维持秩序需要能量。你应当预见事情会出问题，并把重点放在预防问题的发生上。

一个经济体的能量状态（温度）在很大程度上决定了其成员能做什么，效率有多高。温度（即气体中运动分子的平均动能）影响着与生命有关的每一个化学过程和每一种物理性质。它不仅能决定经营成本，还影响完成任务的速率，或许最重要的是影响可行的适应选项的范围。换言之，温度是连接能量和时间的重要纽带，而能量和时间是功率的组成部分。[1]
——海尔特·弗尔迈伊

筑起高墙

热力学主要关乎平衡，比如温度不同的两个系统相互接触后，最终会变得温度相同。

---

[1] Vermeij, Geerat J. *Nature: An Economic History*. Princeton: Princeton University Press, 2009.

如果想要实现热力学平衡，我们可以努力使两个系统尽可能地相互接触。相反，如果要防止达到平衡状态，那就需要用绝缘体进行隔离，就好比用保温杯给咖啡保温。绝缘体可以减缓温度的变化，但无法完全阻止。

全部物理世界的运动方向只有一个：平衡。
——海伦·切尔斯基

在谈及两个系统间的平衡时，如果从两个水温不同的容器引申为两个具有不同价值观的社会，又会如何呢？

如果想要促进平衡，那么可以把分享看作能量的传递。有三种传递能量的物理方式：辐射、对流和传导。三种方式分别对应三种实现跨文化平衡的社会模式。例如，电视广播可以跨越国界辐射思想，师生交流是智力和学识的对流，而品牌文化和外国援助能传导价值观。相互融合使得不同文化有了共同之处，分享具有共同之处的思想和价值观，我们就会走向社会平衡。

但有时出于各种政治或文化原因，我们不希望实现社会或文化平衡，因此选择竖立绝缘体，以期阻止两个系统间的融合。千百年来，人类一直在修建边境围墙。围墙既有物理上的作用，也有心理上的作用，是一条分界线：一边是我们，另一边是你们；一边是我的土地，另一边是你的土地；一边是我们的价值观，另一边是你们的价值观；一边是我们的资源，另一边是你们的资源。然而，围墙再高似乎也起不了作用。从哈德良[1]长城到万里长城，再到柏林墙，这些精妙复杂、耗资巨大的建筑既没能阻止人员往来，也没有切断思想的传播。为什么呢？因为差异是很难维持的。你很难阻止人们分享思想、习俗或语言，就像你很难在炎热的夏天保证冰块不化。通过贸易或婚姻等，边境往往会成为交流和社会演化的场所。两种不同的状态，无论是物质还是人的状态，都会受到其所接触的环境的影响。如果将冰块置于较热的室外，冰块的温度会发生变化；同样，人们的习惯也会随着他们与外界的接触、交往而发生变化。

> 分裂影响着政治的各个层面，无论是个人、地方、国家还是国际层面。每个故事都有两面，每堵墙亦如此。为了理解当今世界正在发生的事情，有必要了解是什么让我们分裂，以及是什么在继续分裂我们。[2]
> ——蒂姆·马歇尔

在英格兰北部修建哈德良长城的古罗马人也许最能深刻体会一堵墙的局限性。"哈德良长城的设计初衷就不是为了抵御敌军的大规模进攻，因为它实在太长了，不可能做到每一处都无懈可击。"[3] 它的功能更像是如今的边境围墙，更多的是为了控制而非完全阻止人员和货物的流动。哈德良长城从修建之初就和外交手段相辅相成。古罗马军队常常越过边境与当地部落接触，

---

[1] 哈德良（76—138），古罗马皇帝。作为著名政治思想家马基雅弗利提出的"五贤帝"之一，哈德良将重心从扩张国土转为将既有国土巩固、合并为一个更有凝聚力的整体。他最不朽的杰作就是哈德良长城，划定了古罗马控制下的不列颠岛北部边界。他也是第一位公开的同性恋皇帝，成立了一个异教团体，专门崇拜他死去的爱人安提诺乌斯。

[2] Marshall, Tim. *Divided: Why We're Living in an Age of Walls*. New York: Simon & Schuster, 2018.

[3] Goldsworthy, Adrian Keith. *Hadrian's Wall*. New York: Basic Books, 2018.

建立关系以收集情报,再尽量发挥震慑作用,防止大规模入侵的发生。

古罗马人知道哈德良长城无法阻挡强敌入侵,设计、建造它只是为了减缓外敌侵略,或者让古罗马人有机会与北方部落接触,建立关系,防患于未然。贸易继续进行,信息和物资共享,生活在围墙两侧的人维持着人际关系。因此,在维持古罗马领土与北方部落之间差异的整体战略中,哈德良长城只是其中一环。对古罗马人来说,单单是控制围墙两侧的交流就已足够,无须完全阻止,也许是因为他们意识到了提升隔离效果需要付出巨大的代价。边境围墙本身起不到任何作用,还必须辅之以戍边战士。正如阿德里安·戈兹沃西在《哈德良长城》一书中所述:"最终,它的成功与其说是取决于防御工事和屏障,不如说是取决于驻守这些工事和屏障的士兵。"这句话适用于所有边境围墙。

古罗马人并没有试图借助哈德良长城完全阻止文化平衡,他们认识到阻止跨境交流所需的资源超出了他们愿意投资的数量范围。他们似乎认为,尽管受到北方部落文化的影响,社会仍能实现良好运转。若以热力学作比,如果将古罗马文化看作高温物体,那哈德良长城就是一个绝缘体,它减缓了与其他文化接触造成的冷却过程,但并未完全阻止温度变化。

但正如军事专家会告诉你的那样,边界也是一条潜在的战线,因为边界划分的领土属于两个可能交战的对立阵营。[1]
——肯·威尔伯

1　Wilber, Ken. *No Boundary: Eastern and Western Approaches to Personal Growth*. Boston: Shambhala Publications, 2001.

还有一道著名的城墙也能在社会平衡方面给我们很多启发，那就是中国的万里长城。它的修筑至少延续了2 000年之久。今天人们所见的经修缮的石墙宏伟壮观，引人遐想，但其实在更远处，还有许多由不同朝代使用不同材料修建而成的城墙。

万里长城的历史告诉我们，为何设计屏障来试图完全阻止城墙两侧的融合并不明智。这就好比试图完全阻止两种直接接触的物质达到热力学平衡——其所需的屏障耗资过大。

首先，建墙成本很高，建成后需要维护，还要给驻守的士兵提供补给。其次，人们可以绕墙而过或翻墙而上，毕竟城墙总有尽头。长城更多是一种政治愿望的表达，以确定北部边界的位置。正如茱莉亚·洛弗尔在《长城》一书中所言，长城并不纯粹是防御工事。[1] 相反，城墙经常深入他国领土，以此宣示主权。因此，长城通常并不靠近城市中心，覆盖的领土范围也十分广阔，不仅需要配备将士，还要维护前哨和相关的补给线。

从一开始就流传出使用奴隶劳工兴修长城的故事，以及驻守士兵极其恶劣的生活条件。没了驻守军队的忠诚，城墙还有什么用呢？长城并非固若金汤，因为"入侵者可以绕过坚固的防御工事，直到发现薄弱之处和缺口为止"。此外，长城上的守卫经常收受过境者的贿赂，只要给钱就能放行。

1　Lovell, Julia. *The Great Wall: China Against the World 1000 BC–AD* 2000. New York: Grove Press, 2006.

洛弗尔将明朝对长城的态度描述为"界定、包围和排斥",概括了长城背后自始至终的全套哲学。修建长城一方面是想把北方游牧民族挡在外面,他们一直是对中原的威胁;另一方面也是想保持中原文化的纯洁性,不被游牧民族的思想和情感"浸染"。从这个角度来说,长城也是内向型的,是一种维护"文化优越感"的方式。

然而,正如洛弗尔所述,"长城并不能完全将城墙一边的大米、丝绸和诗歌与另一边的马奶、皮革和战争隔绝开来"。民族融合持续进行。先是汉族遭到游牧民族的入侵,后者逐渐汉化,又遭到其他游牧民族的入侵,如此循环,在几个世纪里反复上演,影响着中华民族文化的发展。文化交融越多,就越有可能达到文化平衡;我们往往不会把与我们有着共同习俗的人看作不同民族。

洛弗尔讲了下面这个故事,体现了平衡的自然产生,以及在两种直接接触的文化间保持差异是多么困难。

> 公元前307年(战国中期),赵武灵王发起了一场关于时尚的宫廷辩论:上衣应为左衽还是右衽?在这个看似无关紧要、无伤大雅的服饰风格背后,暗含着一个具有重大政治和文化意义的战略问题。赵武灵王计划把中原地区传统的宽袖长袍改为短衣紧袖的胡服,将笨重的战车换成灵活的骑兵。在这场颇具争议的胡服骑射改革中,隐含着一场世界观的革命:接受胡人的军事优势,并学习他们的作战方式。

因此，中国的历史并不是一个关于文化设法完全自我隔绝并保持"纯粹"的故事。如今的中国文化已经融入了多民族的文化和思想。

在历史上所有的围墙中，柏林墙独树一帜，它的建立是为了坚决且完全地阻止两种意识形态的融合，阻止平衡的实现。围墙不仅会限制物理活动，还可以塑造、改变思想和社会规范。

柏林墙不同于哈德良长城和万里长城，与其说是军事和外交战略的一种，不如说是一种心理屏障。它不是为了促进与潜在敌对部落的交往（如哈德良长城），也不是为了宣示主权和保护文化（如万里长城）。

建造柏林墙是为了阻止两侧之间一切可能的转移，它试图阻止思想和人员的流动。二战后，德国被一分为二。彼时在美国人和苏联人之间，思想、政治的隔绝密不透风，而柏林是其中唯一一个弱点。

战后柏林被英国、美国、法国和苏联分区占领。直到1961年，柏林仍是一座完整的城市，为那些想要离开民主德国的人提供了机会。正如弗雷德里克·泰勒在《柏林墙》一书中所述：

> 1945—1961年间，约有250万人以这种方式出走，（民主德国的）人口减少了约15%。对共产主义政权来说，不幸的是，大多数出走者都是高素质的年轻人。大量高学历专业人士和熟练工人的快速流失，给民主德国带来了危机。
> 1961年夏，人口流失达到了顶峰。每天都有成千上万的人进入西

柏林，再从西柏林经由一条被称为"空中走廊"的航线飞往联邦德国各地。大量栋梁之材的流失，是由于民主德国政府不准备放弃其在政治和经济上的种种限制。[1]

所以他们建了一堵墙，这可不是一堵简简单单的墙，而是一堵有着层层复杂结构和威慑力量的墙。除了地面上的建筑，地铁隧道、下水道等通往西柏林的通道都被封锁或改造，以阻止人们通行。

柏林墙从未完全起到隔绝效果。很多人宁愿冒着巨大的风险也要离开，有些人不幸丧生途中。更值得注意的是，柏林墙其实反倒助长了它试图阻止的流动。

不满情绪不断发酵、积聚，直到1989年11月的一天，被铁丝网分离已久的人们将它推倒在地。

柏林墙充分说明了一切最终会不可避免地走向平衡。民主德国政府无法投入足够的能量来阻止社会的热交换和最终的热平衡。

你很难阻止两种直接接触的物质变为相同的温度。除了需要一个绝缘体，还要不断投入能量，才能防止这两种物质的温度变化。平衡的概念可以帮助我们理解为何人类在全球建造的实体围墙最终都不可避免地轰然倒塌。同理，你也很难阻止两种直接接触的文化分享彼此的思想和习俗。

---

[1] Taylor, Frederick. *The Berlin Wall: A World Divided, 1961-1989.* (Italicize title) New York: Harper Perennial, 2006.

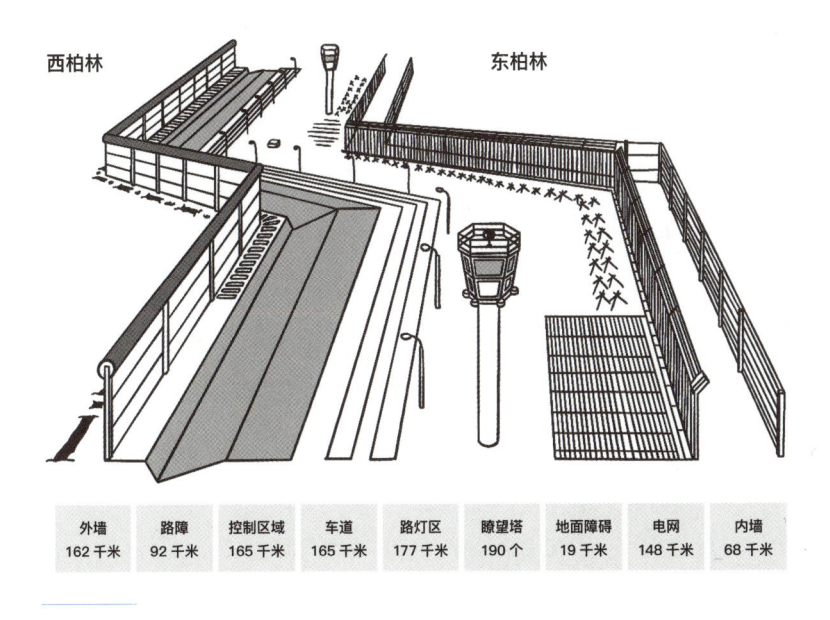

外墙	路障	控制区域	车道	路灯区	瞭望塔	地面障碍	电网	内墙
162千米	92千米	165千米	165千米	177千米	190个	19千米	148千米	68千米

柏林墙起初只是1961年的一个晚上建起的带刺铁丝网，住在两边的家人和朋友无法团聚，有些人甚至都没法上班。

我们讨厌混乱

如我们所见，维持秩序需要能量。那为何要投入那么多能量呢？既然混乱是不可抗拒的宿命，那为何还要尽力避免生活中的混乱？热力学第二定律教会我们熵减的重要意义。"熵"这个概念可能比较复杂、晦涩，因此一个通俗易懂的定义就显得格外重要。

诺贝尔物理学奖得主、物理学家默里·盖尔曼用情境来解释熵的概念。比如，你在整理一堆硬币，这时如果有人敲桌子，桌上的硬币就会混在一起。再比如，家里有一瓶果酱和一瓶花生酱，虽然孩子很听话，但他们还是不可避免地把果酱弄进花生酱的瓶子，把花生酱弄进果酱的瓶子。为什

差异的价值

这是一个平衡问题。尼采在《偶像的黄昏》一书中谈及政治时表示:"几乎每个政党都明白,为了自身的利益,反对党不应该衰落。" 这体现出差异是有价值的。如果所有的力都是均衡的,达到了完全平衡的状态,那就没有变化,没有增长,没有运动。只有差异能推动发展。

Nietzsche, Friedrich. *Twilight of the Idols*. London: Penguin, 2003.

么呢？"原因是把（硬币）打乱的方式要比整理它们的方式多，花生酱和果酱相互污染的方式要比保持二者完全纯净的方式多，从概率的角度来说，一个有一定秩序的封闭系统很可能会走向无序，因为无序的发生方式更多，概率更大。"[1]

熵的一个简单例子就是生命。为了维持机体生命（即避免熵增），需要持续消耗外部能量（如阳光、食物）。在此过程中，生命增加了环境中的熵（即损伤了环境），减少了机体内的熵（即构建或修复了机体）。

还有一种理解方式是想象一下儿时玩过的传话游戏。一群孩子围成一圈坐着，首先由其中一人在旁边小朋友的耳边悄悄说一句话，然后一个接一个传话，直到传给最后一个小朋友。把最后传到的句子与最初的版本比较一下，结果往往令人捧腹。比如哪怕是"今天是星期三"这样一句简单的话，经过一圈的传递，最后都可能变成相差十万八千里的"我喜欢恐怖电影"。因为有千万种变化可能出现，所以每传递一次，都会使得最终的结果更加偏离原来的内容。

艺术诞生于秩序与混乱的持续斗争，也浓缩了这一斗争的精华。艺术寻求秩序或形式，哪怕在描绘无序状态时也是如此。[2]

——约翰·约克

1　Gell-Mann, Murray. *The Quark and the Jaguar: Adventures in the Simple and the Complex.* New York: W.H. Freeman, 1993.

2　Yorke, John. *Into the Woods: A Five-Act Journey into Story.* New York: The Overlook Press, 2015.

人类花了很多心思来预防混乱。放眼整个人类社会，我们会注意到混乱在不断涌现。我们创造了很多社会结构给天然无序的生活建立秩序，比如法律、宗教、社会规范、习俗，以及用于解释和延续这些结构的故事。

虽然从表面上看，我们讲述的故事各式各样，种类之多令人瞠目，但深入研究就会发现每个故事都有相似的套路和结构。故事内容可能有所不同，但形式大体都在预料之中。童话故事是我们在历史上用于对抗混乱的一种方式，它们为看似无法解释的事件做出了解释，为我们难以理解的事物提供了框架。童话故事也提出了人人都能接受的共识，试图通过预先将无法解释之事纳入系统秩序来减缓熵增。

童话故事中的套路跨越了时间和文化，我们有理由相信个中必定有某种原因。肥皂剧与莎士比亚戏剧似乎无甚关联，但其实每个故事的核心都是"鼓声时刻"——一个发生了翻天覆地变化的转折点，从此主人公必须踏上恢复秩序的旅程。人们似乎认为，可以通过讲述有关降低混乱的故事来减缓熵增。

如今，童话故事常常与我们耳熟能详的迪士尼动画联系在一起，但其实原始的童话汇编，比如格林童话，或者由更古老的故事改编而来的更原始的版本，比如安徒生¹童话，更清楚地说明了如何将童话理解为与熵增的斗争。

1　安徒生（1805—1875）。丹麦作家、诗人。安徒生几乎已经成为童话故事的代名词，他写的成千上万篇故事已经成为权威，供后人修改、重制和改编。除童话外，他也写过自传、戏剧、游记等，但都不太为人所知。

在《走进森林》一书中，约翰·约克表示，我们讲故事的方式表明了我们对世界秩序的渴望。我们试图用讲故事来克服对自身周围随机性的恐惧。在一生当中，我们不断吸收外界混乱的信息，再通过叙事加以理解。约克写道："每一个感知行为都是在试图强加秩序，试图理解混乱的宇宙。可以说，讲故事就是这一过程的体现。"

故事的核心架构可以用几种不同的方式来描述：平衡—失衡—建立新的平衡；去的旅程/回的旅程；某个人在找寻某物，但有人或物从中作梗；等等。具体而言，约克将原型故事结构描述如下图（参见 P58）。

在童话世界中，一切终将回归秩序，以此来缓解现实世界里混乱造成的压力。正如玛丽娜·华纳在《童话故事简史》中所述，童话传达了一种希望，即哪怕面对几乎无法解释的行为，秩序也终会回归。[1] 遗弃、虐待儿童、强奸和死亡，童话将这些行为纳入一个可解释的、更宏大的框架，并提供应对的思路，以此来消除随机性。

我们会被能减少随机性的故事吸引，正如我们会被能够删繁就简、深入浅出的故事讲述者吸引一样。我们都能意识到混乱及随之而来的不确定性的存在，那些减少混乱的故事就显得格外引人入胜。

通过将个人的斗争转变为共同的经历，童话为"攻击、残酷和不公正"的混乱注入了秩序。这些故事并不以神明或超级英雄为主角，而是关注普通

---

[1] Warner, Marina. *Once Upon a Time: A Short History of Fairy Tale*. Oxford: Oxford University Press, 2014.

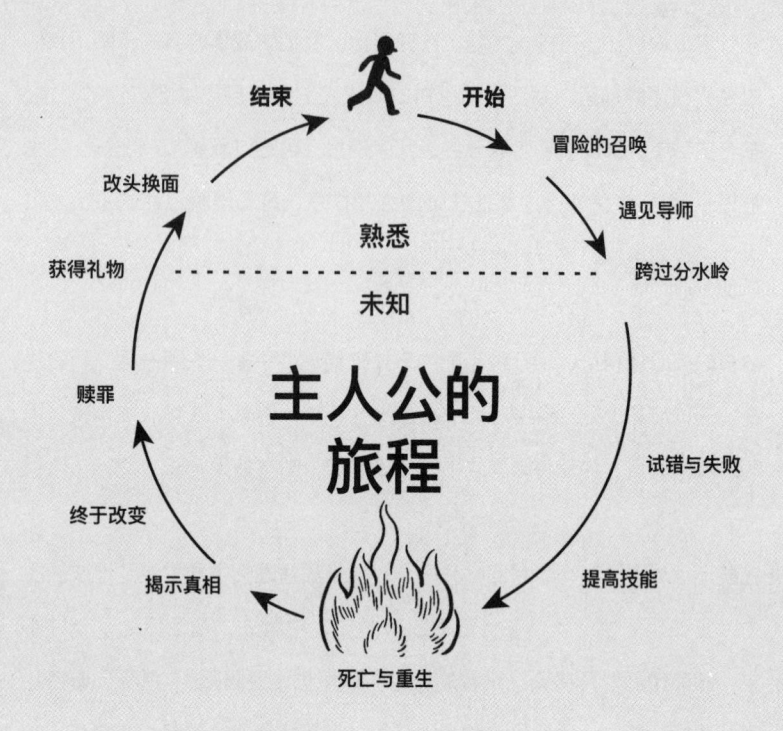

```
         结束    🚶    开始
              ↗
    改头换面              冒险的召唤
                           遇见导师
   获得礼物    熟悉
           - - - - - - -    跨过分水岭
              未知
    赎罪     主人公的
              旅程          试错与失败
    终于改变
       揭示真相   🔥    提高技能
              死亡与重生
```

主人公的旅程

- "家"受到威胁；

- 主人公有某种缺陷，或遇到某个问题；

- 主人公踏上了寻找解药或解决办法的旅程；

- 在中途找到了解药或解决办法；

- 在返回途中，被迫面对拿走解药的后果；

- 面临死亡或象征意义的"死亡"；

- 重获新生，拥有了解药；在此过程中，"家"得救了。

人如何度过平凡的一生。"童话中的奇迹和魔法不仅是对经历的记录，更是在想象磨难终于结束的时刻。"也就是说，当混乱被消灭的时刻。

无论是对故事的主角还是对我们来说，童话里都没有惊喜。这些故事我们都听过，知道结局是什么。无论故事所描绘的世界多么神奇，我们都完全相信故事的结构。这种可预测性是为原本混乱的事物建立秩序的一种手段。童话故事教会我们接受看似不太合理的事物，相信其背后自有秩序，借此减缓生活中的熵增。

"童话中的风景具有象征意义——森林就是指陌生的环境。"童话故事提供了一种熟悉周围环境的方法，因为它给出了一种理解世界的方式，在世界中建立秩序，并帮助你走出困境。

虽然偏离原型叙事的作品可能也很有趣，但那些最接近原型叙事的作品更契合观众心理，往往会获得巨大的商业成功。它们是对混乱的现实世界的一种逃避。因为无法面对无意义，"为了避免精神失常，我们必须加入某种套路"。这就是叙事的目的，也是我们把自己的生活融进故事的原因。故事赋予我们一种连贯的身份认同感。

有趣的是，童话故事跨越了文化和地理的界限。很多地方都流传有相似的故事，有时是由旅行者将故事传播开来。流传到新的地方后，由于故事的底层结构是人们所熟知的，因此很容易改编以融入当地的元素。但更多时候，即便未曾经过跨地区传播，不同文化中的童话故事也常常呈现出相似性。这是一种普遍的文化现象。因此，童话在全球具有长足的吸引力也就不难理解了。童话故事的经久不衰表明,"它们一定是解决了某些问题,发挥了重要的社会作用"。通过以类似的方式指导人们的行为,童话创造了一种大多数人都能参与互动的共识,以此对抗熵增。

从格林兄弟到皮克斯,随着社会的演变,人们也在用不断变化的视角探索和审视童话发挥的作用。就其在社会规范中的角色而言,如今的童话早已不同往日。但是,变化本身并不意味着人类已经不再用故事抵御混乱。熵是热力学的一个定律,也可以说是其中最难理解的一个。人们使用童话故事在混乱中创造秩序,这本身就表明人类早已意识到秩序不过是偶然,混乱才是常态。

结论

一切都无法逃脱热力学定律,万事万物都在朝着平衡移动,人类、文化、思想、信息莫不如此。当然,达到完全平衡就意味着不再有生命,所以在毫无差异的地方只有一片死寂。因此,尽管追求差异是值得且必要的,但更重要的是要明白实现平衡是大势所趋,是任何屏障都无法阻挡的。因此要记住,保持隔绝并非易事,需要付出很大的代价。

熵是系统不确定性的量度,熵值过大的最终态不利于生存。意识到这一点后,借助那些以恢复秩序为主题的故事,我们试图理解随机性和难以解释的事物,从而减缓熵增。叙事很重要,我们用故事来减少混乱,以防过度偏离社会秩序和文化规范,以此维系错综复杂的社会。

物理学

04 惯性

除非有事物发生运动，否则就无事发生。

开始一件事很难，但其实结束一件事也很难。在物理学中，惯性是物体抵抗其运动状态被改变的性质。静止的物体不会自发开始运动，而行星在没有推进力的情况下也能持续围绕太阳运行。惯性原理是牛顿第一运动定律的主要内容，该定律指出："当作用在物体上的合外力为零时，物体将保持静止状态或匀速直线运动状态。"如果不受外力（比如摩擦力）作用，物体将始终保持原来的运动状态。如果不受外界干扰，系统就会抗拒变化的发生。

伽利略在一个实验中发现了惯性原理，他将两个斜面相对放置，形态类似滑板的 U 形滑道，然后让静止的小球从 A 点滚下斜面 AB，滚到最底端后，小球又会滚上斜面 BC。这个巧妙的实验清楚地表明斜面越光滑，小球就越接近与 A 点同高度的 C 点。根据这一发现，伽利略主张小球的初始高度与最终高度之间的差异是由摩擦力造成的。

在《哲学原理》一书中，笛卡尔也谈到了惯性。表示大自然的第一定律是"只要不受外力干扰，物体总是保持原来的状态。因此，只要物体开始运动，就将继续以同一速度沿着同一直线方向运动"[1]。

惯性模型可以用于理解我们行为的一些组成部分，包括思维模式和习惯。我们天生就不愿接受新生事物，本质上就是不愿为了改变付出努力，这很正常。保持现状几乎无须付出任何努力，也没有什么不确定性。推动变革

---

[1] Descartes, Rene. *Principles of Philosophy*. Translated by John Veitch. London: Forgotten Books, 2018.

需要力量，而力量源自努力。这一模型为我们提供了一个视角，帮助我们理解为何人们抗拒改变，以及为何自满会招致失败。

惯性意味着做事的时候一旦半途停下，重新开始要比始终坚持更难。从最基础的层面而言，诸多大脑研究表明一心多用其实全无利处。当我们把注意力在不同事项之间来回切换，所花的时间和精力要远多于把一件事情做完再做另一件事。

惯性也可以解释为什么坏习惯总是根深蒂固，以及为什么系统性的改变难如登天。许多城市依然依赖汽车进行短途通勤，而不是积极建设基础设施以方便公共交通、步行或骑行。我们抱怨了一万次工作，可又不想离开，不愿与观点不同的人进行深度交流，也几乎从不改变父母在我们出生时指定的宗教信仰。这一切都是因为坚持原先的道路是轻松之选，虽然这么做无异于故步自封、停滞不前。

> 就像牛顿第一定律中的物体一样，一旦我们的思维认定了一个方向，往往就会固守着那个方向前进，除非受到某种外力的影响。[1]
> ——列纳德·蒙洛迪诺

---

[1] Mlodinow, Leonard. *Elastic: Flexible Thinking in a Constantly Changing World*. New York: Penguin Books, 2018.

动量

不妨想象一下火车进站后停车的场景。司机不会等到需要停车时才紧急踩下刹车，而是会提前很久行动，留出充足的时间让重达上千吨的整列火车完全停下。由于动量的存在，火车无法在司机踩刹车的瞬间就停止运动。计算动量的公式为 $p=m×v$，p 代表动量，m 代表质量，v 代表速度。有质量的物体在运动时就有动量。

质量越大、速度越快，物体的动量就越大。如果你出去跑步，中途停下要比让火车停下省力得多，因为你更轻，速度也更慢。物体的速度或质量翻倍，其动量也会翻倍。

牛顿第二定律指出，物体的加速度与两个因素有关：作用在物体上的力，以及物体的质量。而牛顿第一定律指出，如果作用在物体上的合外力为零，那么物体将保持静止或匀速直线运动。两相比较可知，加速度是合外力不为零的结果。

在物理学之外，如果事物朝着一个特定的方向前进，只有极大的外力才能迫使其停止或者转向，那我们就认为这个事物具有动量。[1]

---

[1] "Newton's Laws of Motion." *Encyclopedia Britannica*. https://www.britannica.com/science/Newtons-laws-of-motion

想法一旦产生，就很难消失

为什么有些产品可以长红几个世纪，即便市场上出现了质更高、价更优的同类竞品？为什么其他产品带着强大性能横空出世，却如昙花一现，很快便销声匿迹？我们可以从惯性的角度尝试找出问题的答案。

大多数时候，我们的消费模式是基于旧有习惯，而非新的思维。我们买的都是平时常买的东西，所有的偏好也不过是因为日积月累的习惯。在购物时，我们很少会花费精力对自己买过几十次的产品进行批判性思考。某种商品购买的次数越多，它在我们日常生活中的地位就越稳固。即使发现它不够健康，我们也很少会做出改变，更不要说立即改变。我们可以通过牛顿第二定律来理解这一现象。该定律描述的是力与加速度的关系，它表明，质量决定惯性。当力作用在物体上时，物体会沿着力的方向加速运动。质量一定时，合外力越大，加速度越大。合外力一定时，质量越大，加速度越小。从本质上说，质量越大，惯性越大。越重的物体实现加速或减速需要的作用力越大。

质量与惯性的关系也可以引申到日常习惯上。我们坚持做某件事的时间越长，它就越深地融入我们的身份感及我们对世界的理解之中。所谓"积习难改"，就是说形成习惯的时间越长，做出改变就越难。除了个人层面，在社会层面也是如此。一种产品在社会上使用的时间越长，就越难被新产品取代，哪怕新产品的优点更多。接下来我们看看铅和苦艾酒这两种产品，比较一下它们的社会惯性。

大约 2 000 年前，马尔库斯·维特鲁威·波利奥[1]撰写了《建筑十书》，内容广泛，不仅涉及建筑，还涉及工程、哲学和医学。他提出了许多建议和意见，其中一条是："要保持饮用水卫生，就绝不应该用铅管输送水。"早在人类发明火药、指南针、叉子之前，我们就已经深刻认识到铅对人体的危害。

可惜没人拿他的建议当回事儿。在接下来的 1 000 年里，铅被添加到化妆品、汽油和涂料中，也是许多制造流程（比如印刷）所需的原料。随着人们接连发现死亡与接触铅之间的高度相关性，对其副作用的担忧也不断加剧。

尽管如此，铅还是被用来稀释葡萄酒、制造输水管道，还被添加到面霜中，帮助女性达到社会中美的标准——苍白。

1910 年，艾丽斯·汉密尔顿[2]被任命在美国伊利诺伊州负责一项关于工业疾病的调查。在随后的几年里，她作为美国工业毒理学方面的权威专家，为工作场所接触铅等一系列职业问题的危害提供了确凿的证据。[3]尽管如此，美国通用汽车公司还是坚持在 20 世纪 20 年代推出含铅汽油。汉密

1　马尔库斯·维特鲁威·波利奥（Marcus Vitruvius Pollio，约公元前 80 年—约公元前 15 年），其生平鲜为人知，只知道他曾在恺撒麾下的罗马军队服役。达·芬奇正是受到他写的《建筑十书》的启发，创作了著名的素描作品《维特鲁威人》。

2　艾丽斯·汉密尔顿（Alice Hamilton，1869—1970），美国科学家、医生、作家。作为一往无前的开拓者，汉密尔顿坚持扫清障碍，无视社会规范。她被誉为"职业医学之母"，为职业健康领域的不断发展做出了突出的贡献，发起了对铅、一氧化碳、汞和镭等物质有害影响的研究。她终年 101 岁，因在改善社会方面做出的巨大贡献，一生获奖无数。

3　American Chemical Society National Historic Chemical Landmarks. "Alice Hamilton and the Development of Occupational Medicine." http://www.acs.org/content/acs/en/education/whatischemistry/landmarks/alicehamilton.html. Accessed May 30, 2018.

尔顿广泛宣传，明确反对在汽油中添加铅，她和同事详细论述了含铅汽油的毒理学和含铅尾气的危害。[1] 然而，直到20世纪80年代，美国才禁止使用含铅汽油。

尽管我们现在都知道铅的危害，如今它仍然被应用于某些领域。例如，铅被添加到涂料中，以防涂料因温度变化而开裂。在许多国家，含铅涂料仍被用于粉刷房屋、制作玩具，虽然以同等价格明明可以买到无毒涂料。

可以将铅的历史与苦艾酒做个对比，后者的兴衰不过发生在短短50年内。

"苦艾酒由植物和香料混合制成，先将苦艾、茴芹、茴香和野生马郁兰等原料碾碎，浸泡在酒精中，再进行蒸馏，就制成了一种梨色的苦味利口酒。接着，将一定量的酒倒入专用玻璃杯，再将放有方糖的勺子摆放在杯子上方，缓缓浇下冰水，酒液就会变为混浊的乳白色。"[2] 自19世纪60年代始，苦艾酒成为一种广受欢迎的开胃酒，即餐前酒。在19世纪下半叶，据说每到下午五六点，整个巴黎都弥漫着一股淡淡的草药香，这段时间也因此得名"绿色时光"。

50年后，人们把苦艾酒与鸦片相提并论，认为它是重大的社会弊病。此外，"在法国，医生开始怀疑苦艾酒其实是一种毒品。饮酒者表示出现了

---

[1] Öhrström, Lars. The Last Alchemist in Paris: And Other Curious Tales from Chemistry. Oxford: Oxford University Press, 2013.

[2] St. Clair, Kassia. The Secret Lives of Colour. London: John Murray, 2016.

幻觉，有些甚至罹患永久性精神错乱"。人们随即展开了动物实验。紧接着，"在瑞士，压死骆驼的最后一根稻草出现在1905年。当时一位名叫让·兰弗雷的男子在喝了大量苦艾酒后杀害了他怀孕的妻子及两个年幼的女儿。这起案件被称为'苦艾酒谋杀案'，三年后，苦艾酒在瑞士被全面禁止"。1914年，法国也颁布了类似的禁令。

短短50年，苦艾酒经历了从被追捧、滥用到被抛弃的全过程。有趣的是，"后来的检测表明，很多所谓证明苦艾酒有害的证据都是无稽之谈"。这种酒其实并不比其他同等度数的酒精对人体的危害更大。

如此看来，一边是铅，2000年来人类始终知晓其毒性，却未放弃使用它；另一边是苦艾酒，仅仅是由于其副作用令人生疑，在短短50年内就被撤出市场。已有确凿的证据证明铅有毒，可它依然顽固地残留于消费品中。苦艾酒虽被证明无罪，但在许多酒水店里仍然难觅踪迹。为何二者境遇天差地别？显然，原因错综复杂，但思维模型的价值恰恰在于它可以提供洞察力。因此，通过使用惯性模型，我们可以得出一些结论。

质量很重要，物体的质量越大，使它停下就越困难。铅和苦艾酒有着不同的"社会质量"：铅在多个制造流程中发挥着重要作用，苦艾酒不过是让人喝醉；铅已经被整合到其他许多物质中，所以还涉及激励的问题，停用和替换铅的成本非常高，人们得放弃自己惯用的产品，更不用说改造以铅为原材料的制造系统的成本了，而苦艾酒是独立于其他事物之外的，没有此类问题。因此，停售苦艾酒要比停用铅省力得多。

这在一定程度上说明了，为什么仅仅证明某物有害并不一定足以驱动行为的改变。一种产品、习惯抑或想法存在的时间越长，其惯性就越大。有无数都市传说和广为流传的迷思已经存在太长时间，尽管有证据表明其不准确性，它们也早已深深印刻在我们对世界的理解之中。有时，可靠信息根本无法扭转大众的错误观点，我们会因此感到灰心丧气。惯性模型可以帮助我们理解个中所涉原理，并启发我们推动行为的改变。

如何才能坚持

惯性告诉我们，信念可以变成习惯。习惯是根深蒂固的行为，有好有坏。

在《向章鱼学习》一书中，拉菲·萨加林认为，信仰体系"背后有着巨大的进化上的惯性"。[1] 他解释说，树立信念的能力一直是我们的生存机制之一，这便从生物学的角度解释了为何信念如此难以改变。因此，有时信念的惯性会阻碍我们前行，比如会让我们对新机遇视而不见，或者不愿接受新的信息或理念，因为不符合我们对世界固有的认知。例如，发明的历史就是一部拒绝接受新思想的历史。从收音机、电话，到汽车、飞机，再到笔记本电脑，许多改变了人类生活的发明最初都被认为是无关紧要或者一无是处的。我们都听过这样的故事：有很多人错失了开发和投资这些革命性技术的机会，事后才对自己缺乏远见懊悔不迭。

虽然我们经常在回首过去时为自己当初缺乏远见摇头叹息，但这也表明新

---

1   Sagarin, Rafe. *Learning from the Octopus*. New York: Basic Books, 2012.

理念必须在长期证明其价值所在。鉴于这些技术最终确实成为世界不可或缺的一部分,那么显然还是存在一些高瞻远瞩的人,他们的信念足够灵活,可以在对抗惯性方面助其一臂之力。

因此,信念的惯性也并非全然是一件坏事。在最基础的层面上,当我们的信念具有持久性时,我们就不需要一直重复学习所有知识。此外,具有强烈惯性的价值观也可以帮助我们克服障碍和挫折。这并不意味着我们就应该盲目坚持自己的信仰,抑或成年后就可以放弃学习。信念的坚定与灵活并不冲突。事实上,如果能根据新的信息和经验不断改进和完善自身的信念,它们就能持续支持我们应对挑战。

通常,新理论、新发明背后的故事都包含了信念在两个方面的惯性作用。积极的一面促使科学家和发明家勇敢面对拒绝和嘲笑,而消极的一面则助长了对科学家和发明家的冷嘲热讽。

信念的惯性使得改变世界难上加难,但同样的惯性也可以帮助那些一心求变的人坚持己见,排除万难。核物理学家莉泽·迈特纳[1]的故事就生动诠释了这种惯性的一体两面。她可谓出师不利,从一开始就面临根深蒂固的社会偏见。在一个更公正的世界,她所做的很多事情都实无必要,但坚定的决心使她愿意适应不公平的体制。

---

[1] 莉泽·迈特纳(Lise Meitner,1878—1968),奥地利裔瑞典籍物理学家。她在物理学放射性研究方面做出了诸多贡献。虽然她发现了核裂变,但她从不支持将其用于核武器研发。为纪念她,第 109 号化学元素以她的名字命名为鿏(meitnerium)。

思考的框架 2

战争中的惯性

惰性在战争中发挥着重要作用。克劳塞维茨在书中提到,让休息好的人行动起来更容易。精疲力竭的人惰性更大,因此更难让他们行动起来。有机会进食和睡觉的人更容易被激励,因此会更快被调动起来。

> 对思考的需求不会因为"智者"所谓的权威见解就不复存在;它只能通过思考得到满足,而我昨天的思想只有在我想要且能够对其进行反思时,才能满足我今天对思考的需求。
> ——汉娜·阿伦特

逃逸速度

物体也有逃逸速度,即它们为挣脱大型物体(地球)的引力需要达到的速度。例如,当火箭升空时,为了摆脱地球强大的引力,它需要达到极快的速度。在距地球很远后,速度可以慢一点儿。因为将它拉回地球的引力此时已不足以抵消其动能。随着火箭不断上升,其燃料和动能被转化为重力势能。如果火箭的初速度足够快,即使没有进一步的推进力,它也可以完全逃脱地球的引力束缚——此时的初速度被称为逃逸速度,等于每秒 7 英里。我们可以把逃逸速度与本书后文提到的"活化能"这一概念联系起来。我们需要付出多大的努力,才能不仅克服阻力,而且让目标对象踏上一条新的道路?

---

1 Clausewitz, General Carl Von. *The Campaign of 1812 in Russia.* New York: Da Capo Press, 1995.

2 Arendt, Hannah. *The Life of the Mind.* San Diego: Harcourt Brace Jovanovich, 1981.

莉泽·迈特纳 1878 年出生于奥地利。23 岁时,她成为维也纳大学物理学课程和实验室录取的第一位女性,也是该大学第二位获得物理学博士学位的女性。1907 年,物理学家马克斯·普朗克邀请她前往柏林,她在那里作为无薪研究助理工作了几年。在此期间,她遇到了奥托·哈恩,与他共事了数十年,他们一起发现了元素周期表上原子序数为 91 的元素镤。这所大学不允许女性进行独立研究,所以他们为了做研究想尽各种办法。帕特里夏·赖夫在《犹太妇女档案》中对迈特纳的介绍是这样的:"起初,她只是哈恩手下的客座研究员,没有报酬,但大多数人都知道二人在研究团队中的地位是平等的。"[1] 不过官方总是尽可能抹去她的研究贡献。正如汝茨·丽温·赛姆在《莉泽·迈特纳:物理学中的一生》一书中所描述的那样:"在每一篇发表的论文署名上,哈恩都是第一作者,迈特纳显然对此也不反对,尽管她做了很多工作。"[2]

尽管遭受了不公待遇,迈特纳与哈恩依然保持了一生的友谊,她甚至成为哈恩独生子的教母。

最终,鉴于迈特纳出色的工作能力、同事对她的敬重,以及她对辐射和核物理学的持续贡献,她受邀创办并管理威廉大帝化学研究所[3]的物理分部,一做就是 20 年。在接到邀请时,迈特纳"将其视为认可、信任和职业成熟的标志"。1919 年,她成为该研究所的教授,也是普鲁士第一位获此殊

---

[1] Rife, Patricia. "Lise Meitner." *Jewish Women: A Comprehensive Historical Encyclopedia*. February 27, 2009. Jewish Women's Archive. Accessed August 15, 2019.

[2] Sime, Ruth Lewin. *Lise Meitner: A Life in Physics*. Berkeley: University of California Press, 1996.

[3] 威廉大帝化学研究所 (The Kaiser Wilhelm Institute for Chemistry) 1912 年建于柏林。1949 年,该研究所搬迁至美茵茨市,并更名为马克斯·普朗克化学研究所,延用至今。——译者注

荣的女性。

20世纪20年代和30年代初,迈特纳继续在物理学的不同领域进行研究,取得的所有成果无一不是认真和耐心工作的结果。迈特纳是第一个在无辐射的情况下观察和描述多重跃迁的人,她与同事库尔特·菲利普同为"第一个从非宇宙来源识别正电子,并且证明正电子与负电性元素一起出现的人"。她在此期间的成就使她成功跻身"一流实验物理学家"之列。随着她的学术头衔不断增多,因工作成果获得一系列奖项,她的教学任务也不断加重。

1933年,情况开始发生变化。那一年,纳粹党颁布法令,禁止犹太学者担任教授。迈特纳的研究仍在继续,但1938年,她还是在大名鼎鼎的物理学家尼尔斯·玻尔的帮助下,离开德国前往瑞典。二战期间,她在诺贝尔物理研究所工作,但职位仅为研究助理,薪水微薄,与此前在柏林所做的工作也无甚关联。[1]

然而,正是在这段时期,迈特纳有了她此生最为重要的发现。哈恩与她的交流不曾中断,他向迈特纳详细描述了自己的实验结果,询问她能否给出合理的解释。迈特纳开始思考这些数据,在与自己同为物理学家的侄子奥托·弗里施讨论时灵光乍现,由此提出了对核裂变的第一个解释。她的研究首次揭示了核反应所包含的能量,也正是因此才有了原子弹等发明制造。这是迈特纳对核物理学最重要的贡献。

---

1 Kiewitz, Susanne. "Portrait of Lise Meitner." *Max-Planck-Gesellschaft*. https://www.mpg.de/11721986/Lise-Meitner. Accessed August 15, 2019.

尽管迈特纳的贡献不可磨灭，奥托·哈恩却因发现核裂变成为1944年诺贝尔化学奖的唯一获得者。莉泽·迈特纳曾29次获得诺贝尔奖提名，其中包括三次被尼尔斯·玻尔提名，但每次都失之交臂。

我们从这个故事不难看出，迈特纳的一生都在与信念的惯性抗争。首先是关于女性的文化信念，比如女性的才能和社会地位。在人生的诸多重要节点，她都不得不克服社会对女性的偏见。无论是接受教育的权利，还是科研的能力，她都必须极力克服惯性的力量证明自己。

此外，作为身处纳粹德国的犹太人后裔，她还面对盛行一时、具备巨大惯性的信仰。奥托·哈恩隐瞒了迈特纳对核裂变这一发现做出的巨大贡献，一部分也是出于对德国政治环境的考量。

然而，在莉泽·迈特纳的故事中，最大的亮点是她对物理学的满腔热情激励着她克服重重挑战。首先，科学家需要具备奉献精神。汝茨·丽温·赛姆详细描述了迈特纳在进行研究时的非凡耐心，也提到她对自己的工作有着充分的信心。迈特纳并不是想要得出某个特定问题的答案，而是认为科研过程本身富有价值。因此，她的信仰不是僵化的教条，而是通过调查和发现新知而产生的灵活的理解。在明明自己承担了主要工作，却不得不将论文第一作者的署名权拱手让人时，在拿着低廉的薪资，忍受艰苦的实验条件时，或许正是这些信念赋予了她前行的力量。

1　Smart, Ashley G., Andrew Grant, and Greg Stasiewicz. Physics Nobel nominees, 1901–66. *Physics Today*. https://physicstoday.scitation.org/do/10.1063/PT.6.4.20170925a/full/. Accessed August 15, 2019.

迈特纳的成就远远超出当时从事物理学研究的其他女性，她不仅在实验物理学领域提出重大发现，还领导着学术机构的一个部门，赢得了广泛的尊重和声望。在其学术领域内，迈特纳得到了平等的对待，在纳粹上台之前，她是德国唯一的女性物理学教授。

久而久之，迈特纳对物理学和她自身的信念惯性也在不断增加，使她得以应对环境中的偏见带来的挑战。

虽然没能得到诺贝尔奖，但她还是获得了许多荣誉博士学位和其他奖项。迈特纳在晚年发表了许多演讲，鼓励女性在科研领域积极进取，并坚持研究工作直到 81 岁。她备受全球同行的敬仰，丽温·赛姆认为，无论迈特纳走到哪里，她都能结交一生的挚友。

迈特纳毕生锲而不舍，面临重重障碍依然坚持心中热爱。她对其他女科学家说："要记住，科学可以给你的生活带来快乐和满足。"

结论

能量宝贵，必须节约使用。保持现状是人类的天性，因为做出改变要消耗能量。万事开头难，可一旦起步，让事情朝着特定的方向发展，接下来就更容易保持前进的动力。但反过来，事情一旦开始也很难停下。质量越大，改变状态所需的努力就越多。

物理学

05 摩擦力和黏度

——
运动是一场较量。

摩擦力是阻碍达成目标的一种力。前行的路上总会遇到拖慢步伐的绊脚石。

虽然我们永远无法根除阻碍自己前进的力量，但至少可以尽力减少阻力。就好比光滑的表面更有利于小球滚动，人在水里游泳比磷虾更轻松一样，重塑我们周围的环境以减少阻力是提高生产力的关键。

摩擦力是一种阻止相互接触的物体发生相对运动的力，比如轮滑鞋的轮子在地面上运动会产生摩擦力。物体要运动就必须克服与其运动方向相反的摩擦力，这需要额外的能量，会产生热和声。表面越光滑，产生的摩擦力越小，这就解释了为什么在人行道上走路要比在砾石上行走容易得多，也不那么累。不存在没有摩擦力的表面，只有摩擦力大小的差异。

所有物体都受到摩擦力的作用。摩擦力主要分两种：动摩擦力和静摩擦力。动摩擦力发生在两个物体相互滑动时，这就解释了为什么倘若没有持续的推进力，运动中的物体就会停下来。例如，你把一本书放在桌子上，推它一下，书会移动一段距离然后停下来，动摩擦力"吸收"了你推书时传递给书的能量。静摩擦力则发生在物体保持静止但有相对运动趋势时，静摩擦力起到了阻碍相对运动的作用。

尽管科学家钻研摩擦力已经 600 年，我们对它的理解依然十分有限。虽然摩擦力有些神秘莫测，但这并不妨碍它作为一个思想模型的价值，因为它体现了环境是如何阻碍我们运动的。

黏度可以看作另一种摩擦力，衡量的是一层流体在另一层上流动的困难程度。越难流动，流体的黏度越大；黏度越大，阻力就越大。在人类的日常生活中，黏度通常不是问题。尽管黏度永远存在，于我们而言，重力和惯性才是更大的问题。但对微粒来说恰恰相反，重力和惯性在黏度面前显得微不足道。所以，事物越庞大，黏度的重要程度越低。

海洋中的浮游生物要费很大力气才能在黏滞的水中游动，并且几乎只要不再用力，滑行就会停下。另一方面，对鲸鱼来说，水的黏度几乎毫无影响。鲸鱼庞大的体型意味着它可以轻易将水推开，并利用其他力量，比如惯性，来保持前进。

使用摩擦力和黏度作为模型有两个重要原因。首先，在一种环境中容易的事情换到另一种环境中可能就变得很难。例如，我们在和平时期所能取得的成就与在战争年代不可同日而语。其次，这个模型也告诉我们，某个特定情形涉及哪些主要力量，取决于事物本身的体量。

减缓流动

一切运动的事物都要经过某些介质，信息也不例外。但为什么有些信息不胫而走，有些却无人知晓？答案往往与信息的内容关系不大，而与信息必须流经的环境关系更大。

在冷战时期，苏联对个人传播信息的自由流动加大了管理力度，可能是因为流动速度更慢的东西更容易控制。他们创造的黏性信息环境或许有利于国家管理信息传播，但也导致切尔诺贝利事故影响的范围扩大。

在1986年切尔诺贝利核电站爆炸期间和之后，受影响者，无论是普通公民，还是相关政府部门，抑或其他国家，都无法获取有效信息。受苏联体制结构的影响，很多信息很难流向有需要的人。

在《切尔诺贝利：一部悲剧史》一书中，沙希利·浦洛基描述了受这场灾难影响的整个地区，他表示苏联领导层的特点是埋葬过去，而非从中吸取教训。在复杂的官僚制度环境中，比如严格的审查制度、分享特定信息受限，以及严重缺乏对当地人民的授权，准确的信息很难抵达真正的受众。

切尔诺贝利并非在苏联发生的第一起核事故。然而，针对任何核事故，尤其是列宁格勒核电站的多起事故，官方报道或讨论都是被限制的，就好像只要嘴硬不承认，就可以假装不存在一样。[1] 由于有关先前事故的信息被阻隔，苏联并未从中吸取教训，也就没有相应地改进切尔诺贝利核电站的设计或流程。

切尔诺贝利事故的发生并未改变这种沟通模式，消息密不透风，国内外媒体都几乎没有什么报道。秘密决议得以通过，一切信息严格保密。这种做法的一个后果是直接受影响者（即周边地区的居民）完全蒙在鼓里，既不知道发生了什么，也不知道该如何自我保护。"城际电话网络被切断，核电站的工程师和工人被禁止与亲朋好友交流事故信息。"

1　Plokhy, Serhii. *Chernobyl: The History of a Nuclear Catastrophe*. New York: Basic Books, 2018.

表面张力

黏度对于在单一流体中运动的微粒十分重要,对于微粒同样重要的表面张力则存在于两种不同流体相接触的地方。测量表面张力的历史就是一部百折不挠的个人奋斗史,展示了在处处不利于女性进行科学研究的环境中,一位女性是如何工作的。阿格尼丝·波克尔斯想学习物理学,但19世纪末的德国并不允许女性上大学。[1] 阿格尼丝的弟弟成为一名物理学家后,不仅把自己的教科书分享给她,还在此后的一生中与她共享在物理学领域取得的进展。阿格尼丝的工作就是在家照顾年迈的父母,但在有限的条件下,她依然尽其最大努力保持着好奇心和钻研的热情。她发明了一种工具,将其命名为"波克尔斯槽"。它看似简易,但能够测量在表面浓度不同的油和肥皂水的影响下,水的表面张力。接着,阿格尼丝又发表了几篇关于表面张力的论文,基本形成了对表面张力的研究基础,而她其实从未接受过正式的科学培训和教育。不少诺贝尔奖等奖项的得主都曾借鉴过她的工具和研究。鉴于她身处的高黏度环境,她所取得的成就显得格外引人注目。

---

[1] McCarthy, Stephen. "Agnes Pockels: 175 Faces of Chemistry." *Royal Society of Chemistry*. November 2014. http://www.rsc.org/diversity/175-faces/all-faces/agnes-pockels/.

事情究竟为何发展至此？背后的原因错综复杂，因为高黏度的信息环境并非由某一个因素造成。

首先是苏联对自身形象的高度关注。或许他们觉得公布消息有损自身在本国公民或西方国家心目中的形象。他们坚持一切如常，包括在事故地区附近的基辅照常举行大型"五一"庆典，使得数千人暴露在高水平的辐射下。苏联还指责西方媒体散布有关切尔诺贝利的谣言，在官方报道中反复申明"没有任何问题，一切尽在掌握"。

此外，苏联政治体系内部的心态偏向恐惧和推卸责任。问题被层层向上传达，没人愿意承担责任并做出相关决策，因为这意味着要面对决策错误的潜在风险，处理不当还会给政府带来负面影响。但与此同时，"惯例是强迫下属屈服，要求他们完成不切实际的生产任务"，人们不敢直言："在你要求的期限内完成不了。"由于一方面没人敢于向上传达负面信息，另一方面错误的信息又不断地被向下传递，像切尔诺贝利这样的建筑工程最后不得不通过偷工减料来满足按时完工的要求。

切尔诺贝利核电站根基不稳，反应堆的可靠性存疑，远远达不到北美或西欧的安全标准。

在苏联，似乎没人想听到对问题或项目的准确评估。因此，上传下达的信息往往是不真实的。从根本上说，真实信息具有高黏度，而虚假信息的传播介质黏度更低。就像流体会遇到黏度不同的边界一样，虚假信息因为更容易流通而传播得更广。

最后，苏联领导层"虽然口口声声说自己致力于谋求公共利益，打造更美好的未来，实际上却仍然秉持保密的传统，忽视人民当下的福祉"。在切尔诺贝利事故发生后，这种态度表现为几乎不与受灾群众分享信息。当附近普里皮亚季的居民举行婚礼、在街上玩耍时，辐射水平已大幅上升。尽管辐射相当严重，疏散工作在几天之后才启动，甚至即便在那时也没有对居民实话实说，而是告知他们三天后便可返回家中。切尔诺贝利的所有工人都居住在普里皮亚季，镇上的医院"设备齐全，大病小病都能医治，却唯独对放射性元素中毒束手无策"。因为不管切尔诺贝利是否真的有问题，官方都已经表示辐射不会成为一个问题。

尽管切尔诺贝利属于乌克兰，但乌克兰领导层经常要从莫斯科那里获知发生了什么。

所有这些因素结合在一起，便创造了一个高黏度的信息环境，身处其中的人们无法吐露事情的真相，更不可能广而告之。正如浦洛基所说："切尔诺贝利事故的直接原因是一次涡轮机测试出了问题。事故发生后，随着恐慌的蔓延，苏联政府立即封锁消息，危及国内外数百万人的生命健康，造成了无数原本可以避免的辐射中毒病例。"

他们的做法适得其反，许多人觉得政府背叛了自己，不断追问事故的详细信息。随着消息逐渐传出，许多乌克兰人非常愤怒，而这为乌克兰寻求独立的努力注入了燃料。给信息流增加黏度似乎是一种控制民众、保护他们免遭负面信息影响的办法，但也很容易弄巧成拙。如果人们感觉政府有所隐瞒，他们就会千方百计地探寻真相。一旦成功，对事情的关注度就会急剧增加。在类似切尔诺贝利事故的情况下，政府越是为了控制局面而封锁消息，由于缺乏信息共享而导致的后果往往越会使得政府失去控制。

自下而上式创新

类似摩擦力和黏度模型中的对立力量视角还有什么用处呢？一个运用场景是组织效能。在一个组织当中，影响创新的力量对管理团队和一线员工来说是截然不同的。因此，如果你的目标是鼓励一线加大创新力度，那你就需要关注在一线而非管理层的环境中鼓励和限制创新的因素有哪些。

福特 T 型车给世人留下了两笔财富：汽车时代开始的标志性形象，以及大规模生产系统。对福特和后来的通用汽车而言，大规模生产系统的设计并没有考虑到工厂工人层面的创新潜力。实际上，"车间的工人不过是生产系统中完全可以被替换的螺丝"。[1] 大量的库存产品被堆放在地上，问题直到流水线的尽头才能得到解决。工人不是来解决问题或改进生产系统的，他们只是在那里从事机械重复的劳动，任何需要返工的工作或需要解决的问题都留给专家即可。

20 世纪 40 年代，日本丰田汽车公司在战后濒临破产，艰难求生。日本政府的期望是通过财政支持帮助企业发展，从而大幅提高出口，让企业获得国际竞争力。在研究了北美汽车制造商的大规模生产系统之后，丰田知道这样的生产体系并不适合他们。他们缺乏足够的启动资源和能力，无法让

---

[1] Womack, James P., Daniel T. Jones, and Daniel Roos. *The Machine that Changed the World*. New York: Free Press, 2007.

这么大规模的机器运转起来。不过，他们注意到了一点：大规模生产造成了大量浪费，效率低下，因为它把解决问题的时间推迟到了生产线末端，而此时再来纠错的成本是最高的。此外，在新车型上线时，往往要花很长时间调整流水线。丰田的发展专家大野耐一[1]认为还有改进的空间。他的一个观点是要多多关注一线员工的工作环境。

大野耐一发现，减少一线层面的摩擦力可以显著影响产出。"如果工人没有及时预见问题并主动提出解决方案，整个工厂的生产工作就很容易陷入停滞。"因此，要有效增加车间工人的产出，关键不在于加快工作速度或者设定更高的工作量指标，而在于创造一个更顺畅的环境，帮助员工全身心地投入工作。

如果想让基层员工开拓创新、及时主动出击，就必须要有组织文化和架构的支撑，助力员工大胆创新。那么怎样才能为员工创造一个低摩擦力的环境，帮助他们更好地采取行动，创造积极的改变呢？

大野耐一注意到，在大规模生产系统中，"除了装配工人，没有一位技术专家真正在为汽车增加价值。更重要的是，大野耐一认为，专家的大部分工作装配工人可能都会做，甚至可以做得更好，因为他们能直接接触到生产线"。因此，第一步是改变生产线的作业方式，把小修小补和质量检查等纳入工人的职责。每个工人都被赋予了"一旦出现自己无法解决的问题就叫停生产线的能力"。

---

[1] 大野耐一（1912—1990），日本丰田汽车公司的工业工程师和经理。他帮助创立了丰田生产系统，降低了成本，提高了生产的灵活性。他强烈反对浪费，推崇坚持不懈，从经验中学习。

思考的框架 2

正如詹姆斯·P.沃麦克、丹尼尔·T.琼斯和丹尼尔·鲁斯在《改变世界的机器》一书中所述："在大规模生产工厂里，只有高级生产线经理才有责任在必要时叫停流水线，大野耐一却独树一帜，在每个工作站上都挂了一根绳子，指示工人在遇到自己无法解决的问题时立即拉动绳子，停下整条装配线，接着整个团队都会围拢过来帮忙解决问题。"拉动这条"安东绳"就相当于突然产生了巨大的摩擦力，好比泳池里的水一瞬间从水变成了水泥，但也因此使流水线上的问题能立即得到解决。此外，在日常工作安排中，丰田也会专门留出时间让工人相互分享改进流程的想法。所有这些改革都是为了长远地减少工作环境中的摩擦力。

装配线改造的结果是产出的返工率大大降低。因此，即使"每个工人都可以停下生产线……生产线也几乎没停过，因为问题都已经提前解决了，同样的差错不会再发生第二次"。这些对工人工作环境的切实改变最终提升了汽车质量和生产效率，也鼓舞了工人的士气。

士气对于促进创新至关重要。员工只有得到支持才敢于冒险。丰田在工厂车间营造了一种重视沟通和合作的环境。工人互相帮助解决问题，可以根据情况快速调整工作重心。大野耐一开发的系统鼓励他们了解整个流程，对寻找解决方案、提高生产效率保持求知欲。这样的生产流程被称为"精益生产"，即"尽可能将任务和责任转移给真正为生产线上的汽车增值的工人，并建立了一个用于发现缺陷的系统，一旦发现问题，就能迅速定位到根本原因"。关注员工的工作环境是企业保持脚踏实地的一种方式。通过改变工作环境，他们可以赋权于最接近问题的人，减少组织中的摩擦力。

变革必须得到领导层的支持，每个人都需要认识到，高层提出的公司战略或者愿景等宏伟蓝图与基层工作并不那么密切相关。阐明公司未来的发展目标固然很好，但同时也需要减少工作环境中的摩擦力，以免大家觉得实现目标的路途举步维艰。

丰田设计了一种环境，"为工人提供控制工作环境所需的技能，并赋予他们持续挑战以优化流程的权力。大规模生产工厂通常意味着巨大的工作压力，因为工人疲于手工组装'不可制造'的产品，也无法改善他们的工作环境，精益生产则提供了一种'创造性张力'，工人有很多方法来应对挑战"。

在精益生产中，环境的设计和不断改善都是为了鼓励工人积极主动创新。从摩擦力的角度分析，影响工人工作环境的因素与塑造高管所处环境的因素是迥然不同的。要想改变现状，必须认识到在这种特定环境中最强大的力量是什么。

结论

为了达到目的，减少阻力往往比加大推力更容易。尽管往往不被察觉，但不管我们尝试做任何事情，摩擦力和黏性都会从中作梗。为了克服阻力，我们本能的反应就是更加使劲，而非采用更简单的方法——减少摩擦力或黏度。二者结合起来使用效果更好。也可以把摩擦力和黏度当作武器使用，与其加倍努力追赶竞争对手，不如通过增加阻力来拖慢他们的速度。

1　"不可制造"是指工人将有缺陷的零部件组装在一起，流水线终端的产品需要返工。——译者注

物理学

06 速度

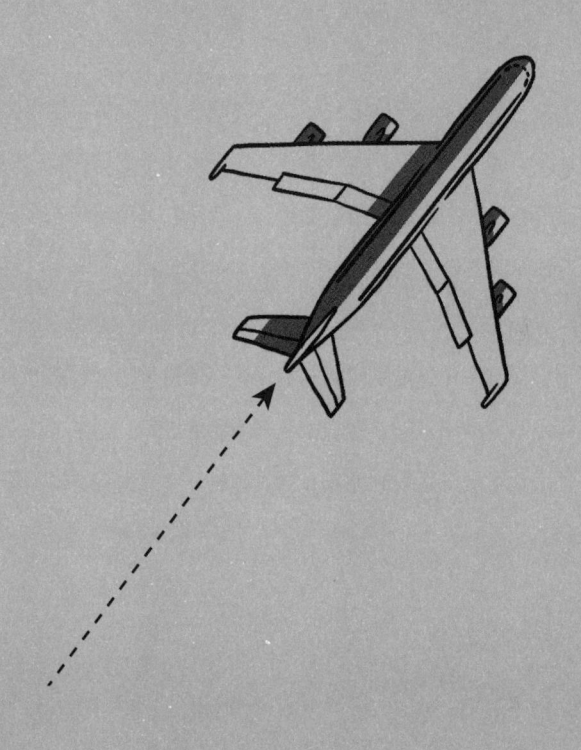

———
方向大于速度。

人们常将速度和速率混为一谈，但这两个概念其实天差地别。有运动就有速率，即使是在原地踏步也有速率。而速度还涉及方向，必须有位移才有速度。这个模型告诉我们，更重要的是前进的方向，而非走得多快。没人愿意沦为滚轮上的仓鼠，拼命奔跑却忘记了当初为什么出发。速率确保运动，但速度产生结果。

使用速度作为模型的前提概念是位移。向前迈一步就有了速度，原地踏步就只有速率。因此，在某一领域取得了多少进步，不是看我们现在走得有多快，而是看我们相对起点走了多远。为了达到某个目标，我们不能只求快，更应该想明白自己要去的方向。

速度等于位移的变化量除以时间的变化量。如果某物以恒定的速率沿着直线运动而不改变运动方向，那它就具有恒定的速度。通常，在正确的方向上保持恒定速度是抵达目的地最有效的策略。不停改变方向，最终只会在原地打转。

更快达到目标

拿破仑·波拿巴[1] 因在军事行动中重视速度而闻名。"'军队的力量，'他表示，'就好比力学中的动量，等于质量乘以速度。'"[2] 他希望在计划的方向

1　拿破仑·波拿巴（1769—1821），法国皇帝和意大利国王。拿破仑是一个很难被简单定义的人物，他在法国大革命的混乱中崭露头角，成为一名足智多谋、富有战略头脑的领袖，将法兰西帝国的疆域拓展到占据相当大一部分的欧洲。拿破仑对法国的教育和军事组织有很大的影响力。然而，他也并非圣贤，在入侵俄国和滑铁卢战役中惨遭失败。

2　Roberts, Andrew. *Napoleon: A Life*. New York: Penguin, 2014.

上更快采取行动,这一策略助他赢得了许多场战斗,改变了敌军的应对方式。他改写了传统的作战战术以实现对速度的追求,最终影响了军事战略。这里说的速度就是字面意义上的——他麾下军队的行动速度之快堪称史无前例。但这一速度是朝着特定目标前进的。加快部队调动是他整体战略的其中一环。

要理解拿破仑快速调动军队的能力是如何成就他的赫赫战功的,不妨先了解一下意大利战役。这是他职业生涯初期的一次战役,也是他毕生以速度为本策略的一次鲜活例证。正如亚当·扎莫伊斯基在《拿破仑:一生》一书中所述,拿破仑在年仅26岁时在意大利指挥了一场对抗奥地利人的战役。这是他第一次担任军队总司令,也是第一次在战场上独立指挥作战。战前他不过是法兰西共和国的一个无名小卒,经此一役摇身一变,成了法国著名的领袖、保家卫国的英雄。个中奥妙便是他采用了新颖而出人意表的战术,其中不少都是受到了速度这一原理的启发。

拿破仑把速度作为他的核心作战原则之一。在意大利,他的军队既不是最强大的,也不是最训练有素的,因此他提出了快速行军的战斗策略。"波拿巴需要保持势头,这样两个对手才会来不及反击。"[1] 因为打得敌人猝不及防,提升速度的策略有效削弱了敌军的战斗力。向目标快速推进也排除了潜在的障碍,因为奥地利人还来不及设防。

[1] Zamoyski, Adam. *Napoleon: A Life*. New York: Basic Books, 2018.

拿破仑的军队的行军速度在当时是闻所未闻的，哪怕有些士兵光着脚或者衣衫褴褛。有记录显示，一个师在 36 小时内行进了 80 千米。还有一次，他的军队在 4 天内打了 3 场仗，走了 90 千米。在《拿破仑大帝》一书中，安德鲁·罗伯茨写道："作战的节奏确保了他始终掌握主动权。狭窄的山谷原本易守难攻，但他的军队如入无人之境，一路飞驰，势如破竹。"

拿破仑之所以在战斗中得以迅速行动，首先是因为"他在踏上意大利国土之前就对其历史和地理进行了深入研究，并且愿意尝试他人好的想法"。这样的熟悉程度给了他极大的灵活性，可以为保持恒定速度选择适合的行军路线。

为了快速行军，拿破仑还需要让其他人以同样的速度移动。他非常关心将士的生活和福利，一部分也是为了激励他们跟上他的节奏。他采用了各种策略来达到这一目的。首先，"他从一开始就精心揣摩了如何对待麾下军队，不仅要使他们成为更富战斗力的战士，更要把他们变成他忠诚的手下"。通过"分享胜利的荣耀和展开平等的对话"，拿破仑使他们感到自己取得了其他人和其他军队难以企及的成就，大大增强了他们的自尊心。他们崇敬爱戴拿破仑，完全相信他擘画的愿景。速度成了集体的目标。他们都希望行动迅速，认为这是取得胜利的必由之路。

其次，拿破仑发出的指令都清晰明确。他不仅能提出巧妙的作战策略，而且似乎天生就明白，策略奏效的前提是必须易于理解和执行。将士花在理解复杂指令上的时间越多，他们朝着既定目标行进的速度就越慢。由于随着行动的展开和战斗的日趋复杂，作战策略往往被弃之不顾，他明白清晰明确的沟通对于提升速度的重要性。

在尝试提升速度的过程中，重要的是认识并考虑到可能限制速度的因素。对拿破仑而言，有些限制因素在他的控制范围内，比如随军流动的平民太多，于是他大大削减了这部分人的数量。但还有一些并不在他的控制范围内，比如天气状况。不过他行军速度的提升，一部分也要归功于此前一个世纪道路条件的改善。

拿破仑的节奏还取决于补给能否跟上。他还会尽可能甩掉包袱或多余的重量。他的军队"晚上不睡帐篷，因为军队行进得太快，无法携带搭帐篷所需的所有物件"。拿破仑的"军队时常因行进得太远而出现补给不足的问题"，因此，"他在战斗中保持极大灵活性的原因之一是他没有资源做其他事情"。

但要完整理解"速度"这一概念，我们也要了解一下反面的例子。对拿破仑来说，在他经历的诸多战役中，加快行军速度以提高胜率的策略屡屡奏效，但事实证明这一策略也有其局限性。在某些情况下，不惜一切代价实现目标其实反倒削弱了他的军事能力。在意大利战役的科塞里亚一战中，拿破仑的急于求成"使法军损失了至少 600 人，甚至可能多达 1 000 人"。1812 年进军俄国更能充分说明过分强调速度所产生的局限性。

巴黎与莫斯科相距约 2 490 千米，是从巴黎到罗马或巴黎到维也纳距离的两倍多。在此之前，拿破仑从未发动过这么远距离的军事行动，而且此次的军队规模也堪称史无前例。为了攻下莫斯科城，他采用了惯常的策略,这也很好理解,原因有二:第一,这个策略屡试不爽;第二,在如此遥远的地方调遣如此庞大的军队,成本很高,难度不小。这场战役需要速战速决的另一主要原因是,军队没有足够的物资和必要的基础设施撑过俄国漫长的冬季。

然而,速度的复杂性之一就在于,因为方向是重中之重,规模有时会限制速度。如果必须调整方向,规模越大,调整就越艰难。

在前往莫斯科的路上,拿破仑对速率的追求最终减损了他的速度。他为了快速前进而牺牲了太多,当前方道路对于军队越发凶险,目标也变得岌岌可危时,他没有充分的资源及时进行调整。克劳塞维茨在描述这场战役时指出,拿破仑在斯摩棱斯克战役前损失了 1/3 的军队,在莫斯科战役前又损失了 1/3。疾病和饥渴使士兵和马匹都失去了战斗力。这还只是到达战场前的情况。

拿破仑抵达莫斯科时,起程时的 40 万人只剩下了区区 9 万人。克劳塞维茨表示:"倘若制定了更多预防措施和更好的保障规定,更谨慎地思索行军路线,他可能就不会将大批队伍都集中在同一条路上,也就可以避免一开始就如影随形的饥荒,更好地保存军队的实力。"

拿破仑的目标不仅是抵达莫斯科,他要占领并征服俄国,巩固法国的地位。这就是拿破仑失败的地方。他既没有足够的人力跟随俄国人深入其领土,也没有制订好撤退计划,于是在折返途中的惨烈交战中又失去了数千名部下。

动能和势能

想象你将一个小球抛向空中，再看着它落回地面。运动过程涉及两种能量——动能和势能。

小球在空中飞行时具有动能。动能是物体因运动而具有的能量。这来自你用手抛球时传递给它的能量，你对它施加了一个不平衡的力。小球下落时，它又把动能传递给了地面。动能由速度决定。

小球在空中时还具有重力势能，即物体因重力作用而拥有的一种储存于系统内的能量。小球位置越高，重力势能就越大。势能分为两种：因被举高而具有的势能叫重力势能，因发生弹性形变而具有的势能叫弹性势能。

一个物体的动能与环境中其他物体发生的相对运动有关。相对于坐在草坪椅上看着你投球的朋友，小球的动能更大，但相对于追着球跑的小狗，小球几乎不具有动能。

势能则完全独立于环境中其他物体的运动。把球抛向空中后，势能并不因周围物体运动的快慢而改变。

> 如果一个人不知道要驶向哪个港口，
> 那么任何风都不会是顺风。[1]
> ——塞内加

---

[1] Seneca. *Letters From a Stoic*. Translated by Robin Campbell. London: Penguin, 1969.

由此看来，拿破仑的计划很不充分，徒有速率，攻占的领土却没有增加分毫。他无法根据实际情况和俄国不断变化的战略及时进行调整和适应。回到原地从来不是什么好事，更糟糕的是，在这一过程中还失去了很多。尽管行军数千千米，拿破仑最终还是无功而返，伤亡惨重，声誉受损。不过这也在另一个方向上加快了他前进的速度，让法国不再尊重、不再需要他领导的那一天提前到来。

在日常生活中，如果想要实现目标，朝着这个方向前进的速率并不是唯一的关键因素，因为时间并非成功的唯一条件。当有人说想在 40 岁前还清债务时，他们可以通过做出某些财务选择来加快这个方向上的速率。然而，"还清债务"还有其潜台词，可能他们真正想要的是在还清债务的同时维系好重要的关系，遵纪守法，保持身体健康，好在还清债务后还能充分享受生活。要弄清楚如何提高速度，必须充分思考彼岸的模样。缓慢走向正确的方向，好过飞快抵达错误的目标。

瞄准目标

梅·韦斯特[1]一生的职业决定也是"方向大于速度"的真实写照。

早在职业生涯初期，韦斯特就意识到要想取得成功，她必须对自己参演的剧目有更多的掌控，因此她会腾出精力给表演之外的部分。"一路从在底

---

[1] 梅·韦斯特（Mae West, 1893—1980），美国女演员、作家、喜剧演员。韦斯特在 14 岁时出道成为一名杂耍演员，很快过渡到出演滑稽剧，然后进入百老汇，又在快 40 岁时成功进军好莱坞。她一度在美国个人收入榜上排名第二，严格管理自己的形象，对吸引公众关注有着敏锐的直觉。

层摸爬滚打的演员到成为自己参演的剧目的创作者、制作人和大明星,这一身份的蜕变华丽却缓慢,需要很强的内驱力。实现这一转变既需要集中精力、艰苦奋斗,也需要对自身能力的自信和苦心经营的人脉。"[1]

韦斯特似乎全情投入于实现自己的目标。凡是她觉得会让她倒退,或者对女性角色的塑造与她本人的荧幕形象不符的剧本,她一概拒绝。她会重新打磨自己的角色,赋予它们鲜明的个人特色,直到这些角色除了梅·韦斯特,谁都演不了:

> 她很少出门。在地下酒吧[2]泛滥的年代,虽然她经常在舞台演出中运用这个场景,但几乎从没有记者报道或者拍到她出现在任何一家地下酒吧。除了宣传、增加曝光度,她鲜少出现在八卦专栏中。她也很少去夜店或者首映式,除非首映的是自己的作品。原因大概是她如果不在舞台上,那就是在工作。韦斯特还是位作家。[3]

韦斯特自创剧本或与人合写,也会大幅修改自己出演的几乎所有作品。她自创的经典台词令她闻名至今,比如"亲爱的,这和老天没关系吧",以及"两害相权,取其未试之"。[4]

---

[1] Leider, Emily Wortis. *Becoming Mae West*. New York: Farrar Straus Giroux, 1997.

[2] 在美国20世纪二三十年代禁酒时期非法经营的酒吧。——译者注

[3] Johnson, Paul. *Heroes*. New York: Harper Perennial, 2007.

[4] 对话台词:Goodness, what beautiful diamonds!(天哪,多漂亮的钻石啊!)Goodness had nothing to do with it, dearie.(亲爱的,这和老天没关系吧。)When caught between two evils I generally like to take the one I never tried before.(两害相权,取其未试之。)——译者注

始于舞台，终于电影，韦斯特是当时为数不多的在好莱坞制片厂制度之外工作并取得成功的女演员之一。她能掌控自己的人设，也因此掌控了自己的事业。1935 年，她的收入位列全球女性之首，总收入在全美排名第二，仅次于媒体大亨威廉·伦道夫·赫斯特。韦斯特在规划职业生涯时眼光长远，清楚地明白自己前进的方向，所做决策都是为了加快朝这个方向行进的速度。

结论

速度教会我们思考如何才能让自己走在正确的方向上，在质量和速率之间找到平衡以实现我们的目标。秘诀就在于不断改进策略，灵活适应和回应新的信息。

没人希望终日疲于奔命，20 年后蓦然回首，发现自己拼命奔跑却始终停留在原地。人们想要抵达彼岸，在回首往事时细数自己走过的历程、留下的足印。这也凸显了方向的重要性：通过具象化目标，方向可以帮助我们评估手头在做的事情究竟有多大的价值。

速度也提醒我们，及时调整策略以保持前进方向不发生偏移的重要意义。有时这可能意味着缩小规模，避免将资源投入多个且互相之间往往冲突的方向，相较战舰，改变航向对独木舟来说要容易得多。朝着正确的方向前进远远胜过在错误的方向上飞奔。

物理学

07　杠杆 / 筹码

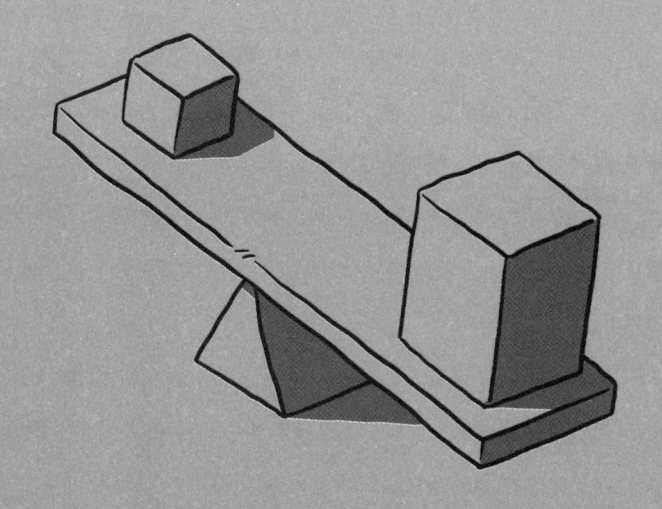

物理学

———
足以撬动全世界。

简而言之,杠杆就是事半功倍。这难道不是人人都想要的吗?

一个例子是书面语言。书面语言可以帮助我们有效利用前人总结的知识,免得每一代人都要从头开始学习一切。另一个例子是流程的标准化,这使得员工更容易被取代,从而让企业占据主导地位。只要睁大眼睛寻找,你就会发现杠杆无处不在。

不是只要辛勤工作就能获得财富的,你还需要运用自己的判断力。这既需要努力,也需要机遇,二者缺一不可。有了判断之后,也要继续利用自己的判断来减少实现目标所需的工作量。

要理解"杠杆"(leverage)这一概念,不妨从词源开始。它的起源可以追溯到原始印欧语中的"legwh",用来描述轻巧、灵活或容易的事物。由此形成的是拉丁语词语"levare",指不重的东西。到了 14 世纪,这个单词从古法语被吸收到英语中,而在古法语中,"levier"指的是举起某物。因此从本质上讲,leverage 是指通过一种特定的、相对轻松的方式——使用杠杆——将某物抬高。

人们普遍认为,阿基米德在 2 000 多年前率先提出了"杠杆"的概念。他有一句名言:"给我一个支点和一根足够长的杠杆,我就能撬动整个地球。"

然而,亚里士多德的追随者逍遥学派其实早在阿基米德出生之前就提到过杠杆。《力学》(Mechanica)一书被认为是逍遥学派成员的著作,书中写道:

在同一重量的冲击下，距中心的半径越大，运动越快。杠杆中存在三个元素：支点（即绳子或中心），以及两种重量（一种引发运动，另一种被移动），被移动的重量与引发运动的重量之比是二者距中心距离的反比。因此，距离支点越远，物体就越容易运动。

千百年来，杠杆发挥了巨大的作用，使人类获得了远超生理极限的力量。例如，古埃及人使用杠杆抬起重达 100 吨的石头，建造出了金字塔和方尖碑。世界各地的人使用了几个世纪的工具，如剪刀、钳子、门把手、独轮车、钓鱼竿等，都借助了杠杆的原理。杠杆是人类最简单但也是最伟大的发明之一。

杠杆释放了人类的潜力。在所有人都只使用木棍时，生产力的差异并不明显，个人表现的微小变化不会产生显著的绝对影响。但当人类开发出工具，为个人表现的微小变化加上"杠杆"时，生产力开始呈现出巨大的差异。更进一步说，倘若技术日益促进个人表现的分化，那么可以想见，一个社会中生产力最高和生产力最低的人之间的差距会随着时间的推移越拉越大。

了解你的杠杆/筹码所在

杠杆带来筹码。在人类交往中，所谓"杠杆"并不完全是物理学上的概念，也可以指代具有共同、普遍价值的物体或理念。杠杆本身无关道德，既不能说好，也不能说不好。当"杠杆/筹码"一词出现在日常对话中，有时带有负面的含义，就好像具备筹码就可以让你操纵局面，使之朝着对

物理杠杆主要有三种类型：

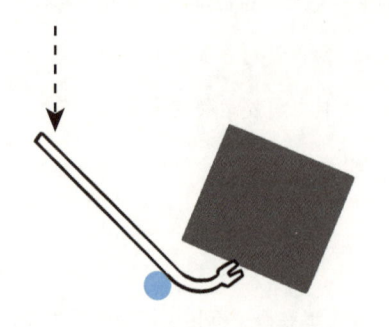

动力／支点／阻力（省力杠杆），
比如开门的撬棍。

支点／阻力／动力（省力杠杆），
比如独轮车。

支点／动力／阻力（费力杠杆），
比如棒球棒。

第三种杠杆一反常规，使用这种杠杆意味着要比单单举起物体花更多的力气，而我们使用杠杆的目的往往与此相反。使用这种杠杆主要是为了让物体移动的距离更远。

你有利的方向发展。但其实，筹码与操纵无关，与影响力有关。比如谈判，在谈判中，手握筹码能增大你获得预期结果的概率。我们知道，通过在适当的地方施加压力，你可以诱导对方朝利于你的方向前进：如果筹码足够大，通常无须耗费太大力气。实际上，在交易中，最大的筹码就是根本不需要这笔交易。

知道在特定情况下应该施加多大的压力至关重要。压力太大，就会打破象征意义上的杠杆，失去双赢的机会。没人想被强迫做某件事，一旦被强迫，他们绝不会对你抱有好感，可谓伤敌一千，自损八百。压力太小，可能达不到你的目的。应该有意识地运用杠杆/筹码，了解它何时能助你实现目标，何时又会削弱你实现目标的能力。

罗杰·沃克玛在《最有效的谈判：如何巧妙使用你的谈判杠杆》一书中解释了谈判中筹码的两个原则：第一，人际交往中的筹码基于感知；第二，筹码是一种社会或关系结构。[1] 这就意味着，要使某物成为筹码，每个人对其价值的认知必须大致相同，而认知取决于社会环境。如果对方不觉得盒子具备任何价值，你说"如果你同意我的条件，我就把这个盒子给你"便毫无意义。此外，筹码也可能会发生变化。如果对方退出交易，你就失去了筹码。

筹码不是非黑即白的，不是你要么有要么就没有的东西。有人可能会利用筹码来获得甲，还有人可能会利用同样的筹码来获得甲、乙和丙。要假借

---

[1] Volkema, Roger J. Leverage: *How to Get It and How to Keep It in Any Negotiation.* New York: AMACOM, 2006.

筹码将回报最大化，你首先需要挖掘它的潜力，再将其用在刀刃上。

在真正重要的地方运用杠杆/筹码

使用杠杆时，杠杆本身比施加的动力的贡献更大。谈及杠杆/筹码，我们需要了解三件事：

1. 怎么知道我何时具备筹码？
2. 我应该何时在何处使用筹码？
3. 如何保住筹码？

弄清这三点，我们就能拥有强大的力量对抗一切阻力。

纵观历史，人类似乎天生就掌握了杠杆的原理。获得和维系权力不过是家常便饭，有势力便有筹码。征服他国往往靠的是以数量取胜，但也日益仰赖技术优势。然而，无论获得胜利的途径为何，大多数征服者都会不断对被征服者施加影响力，方法包括分配土地和财产，进行补贴和赔偿，甚至是联姻（时至今日已经不太常见，但在过去的几百年间，联姻影响了西欧大多数国家的边界）。这些行为本身旨在保护征服者，将其与被征服者隔离开来，却往往给未来播下毁灭的种子。

我们可以从一个没有武力、完全靠筹码获得和维系权力的人身上学习有关筹码的知识，此人便是阿基坦的埃莉诺，她在12世纪先后成为法兰西和英格兰国王的王后，借助筹码获得了巨大的权力和影响力。

埃莉诺的父亲是阿基坦公爵，是法国境内一个公国的统治者。彼时，法兰西公国统治者的权势相比法兰西国王只多不少，因为后者实际统治的领土不过是巴黎周边的一小片区域。埃莉诺在世时，阿基坦是一片广袤富饶的领地，拥有肥沃的农田、十几个便利本地和海外贸易的港口，以及一个头盔制造重地。城镇欣欣向荣，商业繁荣发展，统治家族也因此家财万贯。[2] 这一切都意味着，公国的统治者在该地区颇具权势。

由于弟弟夭折且阿基坦的习俗允许女性做继承人，埃莉诺成为公国的统治者。[3] 在整个地区，女性继承公爵领地的规定不尽相同。拉尔夫·特纳在《阿基坦的埃莉诺》一书中解释说："阿基坦曾经属于古罗马的高卢行省，在埃莉诺儿时，阿基坦仍然保留着古罗马统治下的习俗，保证本地女性比北欧女性享有更大的自由。"一条非官方的东西向分界线贯穿法兰西，阿基坦在线之南，而巴黎和伦敦在线之北。因此，虽然埃莉诺将自己的统治权视作理所当然，很多同时代的人却不以为然。

我们可以把阿基坦看作埃莉诺的杠杆，是她用来撬动国王的工具。通过与两位国王的婚姻，同时也作为第三个国王的母亲，埃莉诺利用阿基坦发挥

---

[1] 阿基坦的埃莉诺（Eleanor of Aquitaine, 1124—1204），阿基坦女公爵，法兰西王后，后来成为英格兰王太后。埃莉诺的一生漫长而富有戏剧性，她是当时欧洲最具财富和权势的女性之一。关于她的故事不乏各种谣言，因为许多同时代的男性根本不了解女性，将她记述为一个荡妇和狐狸精，除了美貌一文不值。

[2] Turner, Ralph V. *Eleanor of Aquitaine: Queen of France, Queen of England.* New Haven: Yale University Press, 2009.

[3] Weir, Alison. *Eleanor of Aquitaine: A Life.* New York: Ballantine, 1999.

的影响力足以令所有中世纪的女性相形见绌。

哪怕是成为阿基坦女公爵，埃莉诺也是靠了一点儿运气。女性可以做继承人，且在婚姻中继承的遗产也永远归属于她，而非她的丈夫，这些都是她的幸运之处。不过此时，赋予贵族女性的权力已经悄然发生变化，几百年后，阿基坦女性再要拥有如此明确所有权的可能性微乎其微。因此，埃莉诺最初的筹码是从她的出生环境中获得的。

埃莉诺志在将自己继承遗产的价值发挥到极致，她将自己视为王后、女公爵、加洛林王朝统治者的后裔，下定决心要成为真正的领袖。"她天性的一个重要方面就是对权力的追求"，这一态度与中世纪女性被期望扮演的角色格格不入。阿基坦女公爵的身份自带筹码，可以轻易促成一桩好婚事。埃莉诺的不凡之处就在于，她穷其一生都在利用自己与生俱来的权利，试图在法兰西和英格兰的事务中获得更大的权力和影响力。她利用阿基坦让自己在当时的事务中有了发言权和话语权，其程度和影响在中世纪的女性中实属罕见。

按照当时的惯例，埃莉诺结婚后，她丈夫将统治阿基坦，但领地本身永远归属于她。因此，为了保持对其领地的影响力，她必须对丈夫有一定的控制力。她先是嫁给了后来成为法兰西国王的路易王子。埃莉诺的父亲指定由法兰西国王路易六世担任她的监护人，并为她物色一位合适的丈夫。彼时已行将就木的国王选择将埃莉诺许配给他的继承人路易王子，婚后不到一个月，埃莉诺就成了法兰西王后。

拉尔夫·特纳写道:"埃莉诺和路易七世的婚姻对双方来说都是一场考验,婚姻的幸福指数很低。"此外,路易七世专注于宗教战争,将时间和金钱都投入了失败的十字军东征中,而非专注于巩固他在法兰西的权力。多年以后,埃莉诺选择结束这段婚姻。可以说,她结束婚姻是因为觉得路易七世不能帮助自己有效地控制阿基坦,而阿基坦又是"由十几个县组成的复杂领地"。维护公国的领土完整需要严格的控制和持续的维护,路易七世却被其他追求分散了注意力。这段婚姻结束后,她保留了对阿基坦的所有权,随后改嫁诺曼底公爵亨利,即后来的英格兰国王亨利二世,很可能是寄希望于他足够强大的个性能在统治阿基坦上助她一臂之力。

所有权和控制权是两码事。所有迹象都表明,亨利二世比路易七世更有能力治理这片辽阔地区的叛乱。"埃莉诺在无须咨询亲属或其他顾问的情况下独立行事,在那个时代几乎是闻所未闻的。"也许是阿基坦的价值和声望让亨利二世接受了这桩婚事,毕竟这片广袤的领地能为其统治者带来丰厚的收入。此外,阿基坦人口众多,能为他提供充足的兵源去其他地方出征作战。

尽管婚姻不幸,对丈夫失望至极,要求废除与法兰西国王的婚姻依然可谓冒险之举。没了婚姻的保障,埃莉诺和她的土地岌岌可危。那她为什么还要这么做呢?其中一个原因是阿基坦和她的遗产对她而言至关重要。"长大成人后,埃莉诺养成了作为加洛林王朝皇室继承人的尊贵感",她一生致力于保护祖先留下的宝贵遗产。埃莉诺知道自己必须依靠丈夫才能实现对领地的实际统治,于是选择了此后的英格兰国王亨利二世,她认为亨利二世更有可能维系她对领地的控制。如果埃莉诺不能控制阿基坦,它也就不再有价值。

许多年后，为了保护阿基坦独立于英格兰和法兰西王室的地位，埃莉诺将儿子理查封为阿基坦公爵。这背后涉及很多习俗，因为多年来他都是次子，所以继承母亲的财产是很正常的。埃莉诺也在她与理查的关系上投入了很多，尤其是支持理查与其父争夺英格兰王位，这样她就能在一定程度上控制公国的局势。

实际上，埃莉诺并不仅依靠与丈夫和儿子的关系来维持其影响力，她一生中大部分时间都在阿基坦度过，与贵族、教会代表和当地人民都保持了良好的关系，也为许多建筑项目提供经济支持，比如丰泰夫罗修道院。她甚至对看似微不足道的事务也很感兴趣，帮助解决了阿基坦小贵族之间的矛盾。可惜，她的丈夫亨利和儿子理查都不受阿基坦人民的爱戴，战争和叛乱接连爆发，因为人们认为阿基坦不过是英格兰国王用来追求个人王室利益的工具罢了。特别是在晚年时期，埃莉诺试图削弱甚至消除自己丈夫和儿子严酷统治造成的影响。因此，她在自己的领地上获得并维系了重大的影响力，这在很大程度上是因为她选择住在那里，并积极参与该地区的政治活动。

亨利二世和他几个儿子之间的故事堪称传奇，像是戏剧和电影里的狗血桥段。他们彼此之间的仇恨、怀疑和背叛使整个西欧陷入混乱，这个家族由此深陷争夺王位的权力斗争。埃莉诺由于支持几个儿子反叛夺权，被丈夫软禁了15年之久。

领土不是静物，而是一个有许多人在复杂系统中交互的动态空间。亨利二世与儿子们忙于斗争，却似乎始终没有理解埃莉诺天然就懂的道理：只有当生活在这片土地上的人们支持你的领导时，土地才能被用作筹码。没了追随者，领导就是无稽之谈。

受家族动荡混乱的影响，亨利二世建立的帝国（包括英格兰领土和如今属于法国的大片土地）开始分崩离析。埃莉诺对自己继承的遗产忧心忡忡，她希望由自己的后代继承阿基坦，将这片领地的统治权代代相传，"她坚决反对阿基坦失去其独立的身份，被她两任丈夫中的某一个收入囊中"。

理查一世死后，埃莉诺的幼子约翰登上了英格兰王位。约翰一世算不上是成功的国王，不仅不得人心，激怒了众多臣民，还签署了著名的《大宪章》，从此削弱了王室在英格兰的权威。但在保护家族遗产方面，他已经是埃莉诺最好的选择。

埃莉诺其他的儿子都已去世，所以"埃莉诺走遍公国各地，四处签发特许状，确认财产和特权，试图让臣民支持约翰"。此时她已是古稀之年，对她而言，把阿基坦这个筹码传给儿子十分重要。她在生前完成了这件事，于 1204 年离世，享年 80 岁。

埃莉诺的故事能给我们带来哪些启发呢？首先，不要妄自菲薄，也不要低估自己手中筹码的价值。似乎从一开始，埃莉诺就很清楚阿基坦对法兰西和英格兰国王的价值。她知道，任何君主只要控制了阿基坦，就能凭借该地区丰富的资源极大地增强手中的权力。

其次，要保持筹码对他人的吸引力。筹码存在的前提是各方都必须认识到它的价值。埃莉诺终其一生都在维护阿基坦的价值，投入时间和金钱打造基建、化解冲突。她知道，一旦阿基坦变得动荡不安，对想要扩张王国的君主来说，它就失去了吸引力。此外，她似乎也明白，哪怕在她死后，只要阿基坦物阜民丰，它在地缘政治中依然能拥有不可撼动的地位。

最后，要了解何时可以、何时不能使用筹码。埃莉诺利用筹码获得了婚姻的自主选择权，影响了英格兰和法兰西的王位继承，从两任丈夫那里获得独立地位，并建立了自己的遗产。然而，她似乎也很明白，有些时候阿基坦的资源和实力并不足以改变她的处境。或许她意识到自身筹码局限性的最佳例子就是她被丈夫亨利软禁的 15 年间，阿基坦给不了任何人足够的权力来释放她，所以她也没有为了逃跑而白白牺牲自己的领地。

筹码的阴暗面

倘若运用得当，筹码可以帮助你获得更好的结果。谁不想这样呢？然而，仅仅拥有筹码并不意味着你就应该使用它。下文会告诉你，当筹码的效用始终被发挥到极致时，它也会展露其阴暗的一面。

当筹码变得根深蒂固，使用它将不亚于苛政猛虎。这种情况在历史上发生过很多次，包括在 20 世纪美国西弗吉尼亚州的煤炭公司城[1]。

1　公司城（company towns）是指范围内几乎所有商店和住房皆由同一家公司所拥有的地区。该公司提供基础设施，包括住房、商店、运输、下水道和供水设施等，以便让员工搬迁至当地定居。大多数公司城都位于偏远地区，因此居民难以前往其他地方消费或来回通勤。——译者注

技术的发展使得煤炭可以轻易被运出西弗吉尼亚州的山区，于是煤炭经营者在该州购买了大片土地。彼时，煤炭已经成为该州最重要的经济资源。煤矿作业需要工人，这些矿工就住在公司城里。由于附近没有其他工业或大城市可供选择，煤炭运营商利用自己最初的筹码，对工人的生活及公司所在的州拥有了极大的控制权。

美国其他地区的规则和规范对公司城毫无约束作用。居民对自己居住的房屋及其所在的土地不享有所有权，随时可能被驱赶。工人的薪酬以"煤炭公司代金券"的形式发放，每家公司都有自己专属的代金券，只能在本公司的店铺使用。公司城不设市长，也没有其他地方官员为居民伸张正义。信息受到严格管控。凡是公司不认可的媒体都遭到禁止，作为公司雇员的邮政局长更是可以阅读所有收发的邮件内容。[1]

发行代金券是煤炭公司最重要的筹码之一。正如戴维·科尔宾在《煤田的生活、工作和反叛》一书中所述，这不仅迫使工人从公司经营的商店中购买一切生活用品，工人劳动的价值也完全由公司说了算。根据公司的需要，发出去的工资可以随时收回，因为商店是由公司垄断的，开价多少都行。如此一来，工资的上涨无论如何都跑不赢商店物价的飙升。

煤炭公司对公司城居民的控制使其获得了更多的筹码。州选举时的投票受到矿上警卫的严格监督，因此矿工其实就是按照公司的利益诉求进行投

---

[1] Corbin, David A. *Life, Work, and Rebellion in the Coal Fields*. Morgantown: West Virginia University Press, 2015.

票。煤炭公司还控制着县法院和陪审团的任命权。他们利用这些筹码来钻安全、童工、赔偿甚至刑法方面的漏洞，几乎完全无视法律的存在。

1913年，一位来自美国威斯康星州的国会议员在参观西弗吉尼亚州的煤田后报告称："煤矿公司的权力大到超乎想象。……他们能选举参议员和法官，操控州内的共和党和民主党，所有法律都是为煤矿公司的利益而制定，所有法官都是在其势力的影响下选举产生，甚至最高法院的法官也是如此。"

面对如此强大的筹码，我们该怎么办呢？通常只有通过广泛的集体行动，凝结个人微小的力量，以星星之火铸就燎原之势，方能对筹码形成反制。比如罢工和工会。一名员工罢工可能起不了太大作用，但如果所有人都加入进来，就能形成更大的筹码。最终，迫于愈演愈烈的劳资纠纷，西弗吉尼亚州的煤矿公司成立并参加了工会。

然而，在此之前，个人仍然拥有一定的筹码。矿工可以选择离开公司城。除了代金券，许多工人和家属也能通过务农、园艺和出售自酿酒水挣点儿现金，补充收入，这使得他们在一定程度上脱离煤炭公司，获得自主权。你手里的筹码可能并不总是称心如意，但只要细心观察，它们总能在某些时候起一定作用。

1　*The Milwaukee Leader*, May 20, 1913. Quoted in Corbin, David A. *Life, Work, and Rebellion in the Coal Fields*. Morgantown: West Virginia University Press, 2015.

思考的框架 2

结论

不管筹码有多强大，使用时都需要小心谨慎。再好的想法用过了头也会导致意想不到的后果。不留余地，将筹码的作用发挥到极致，就像西弗吉尼亚州的煤矿公司那样，会播下动荡的种子，最终适得其反。没人愿意被剥削，被善待的员工会忠心耿耿、辛勤工作。筹码的最佳拍档是互惠互利，双赢思维有助于保持筹码的可持续性，最终获得更好、更持久的结果。

化学

01 活化能

化学

———
抵达终点。

小到早上起床，大到发动革命，我们做的每件事都需要活化能。有了活化能才能引发反应，即破旧立新。有了足够的活化能，我们就能完成一个反应，达成一个可持续的结果。倘若形成了足够多的新连接，无法再恢复到此前的状态，那我们就知道活化能的用量是正确的。在化学中，活化能是为了引发化学反应而必须传递给化学系统的能量，它可以打破原有的化学键，帮助形成新的化学键。分子必须相互碰撞才能发生反应，而升高温度可以加快分子的运动速度。所有化学反应都需要一定的活化能，但存在范围限制。温度升高导致分子运动速度加快，从而引起分子碰撞频率的增加。碰撞越多，就越有可能积蓄足够的能量来发生反应。

因此，需要较大活化能的反应通常进行得比较缓慢。投入的能量（通常是热量）会打破反应物分子的化学键，加快它们的运动，从而提高碰撞的频率。在化学反应的初始阶段与最终阶段之间，是高能量、不稳定的过渡态。因为过渡态不稳定，分子不会在此状态停留太久，很快就会进入化学反应的下一环，并且无须额外的能量投入。

然而，如果没有投入足够的初始能量，分子就会保持不变，化学反应也就无法发生。在某些情况下，这是好事，因为如果不需要活化能也能发生化学反应，世界就会存在极大的化学不稳定性。比方说，如果丙烷可以在室温下自燃，或者空气中的氢原子和氧原子无需任何条件就能结合生成水，那么人类的性命也就危在旦夕了。

活化能与我们的日常生活息息相关。加热鸡蛋会使化学键重新形成，鸡蛋也就变为可食用的、固体状态；烧水泡茶，这一过程中一些分子变成了气体。

能源与气候

活化能概念的提出在很大程度上要归功于瑞典物理化学家斯万特·阿累尼乌斯(1859—1927)。他提出了阿累尼乌斯公式，用来描述化学反应速率与温度之间的关系。简单来说，这个公式表明温度越高，化学反应速率就越快，因为反应物分子具备的能量更多。分子运动更快，碰撞的次数更多、力度也更大。阿累尼乌斯意识到，达不到最低活化能，化学反应就无法发生。奇怪的是，在此之前却没有人将这个直观的想法编成定律。几千年前的人们就已经知道温度越高反应越快的道理，因此，食物储存在阴凉处要比放在阳光下保存得更久。对物理化学家而言，阿累尼乌斯公式非常重要，可用于计算不同化学反应以期望速率发生所需的活化能的大小。

但阿累尼乌斯公式并不是阿累尼乌斯对科学事业做出的最大贡献。为了解冰河时期的成因，他还率先将大气中二氧化碳浓度与全球气温建立了联系。虽然他并非第一个提出二者存在关联的人，但他量化了这种关系。大气中的二氧化碳浓度每翻一番，全球气温就将上升5～6摄氏度（按现代科学计算，更可能是2～3摄氏度）。阿累尼乌斯甚至早已认识到化石燃料燃烧的影响，不过他不认为这是对人类生存的一种威胁，只是觉得减少使用化石燃料可以为子孙后代留下更好的天气。

> 科学与日常生活不能也不应该被分割开来。[2]
> ——罗莎琳德·富兰克林

---

[1] Arrhenius, Svante. "On the Influence of Carbonic Acid in the Air upon the Temperature of the Ground." *The London, Edinburgh, and Dublin Philosophical Magazine and Journal of Science 41*, 1896 (251): 237-76.

[2] As quoted in Maddox, Brenda. *Rosalind Franklin: the Dark Lady of DNA*. London: HarperCollins, 2003.

有关活化能最重要的一点是你需要足够的活化能来驱动一个反应直到其结束。我们都知道，光靠一张报纸是没办法在壁炉里生火的。一开始火可能烧得很旺，但差不多 10 秒后就烧光了，堆在炉膛里的柴火都还没烧黑。

要有足够多的报纸才能把柴火烧起来。首先，把报纸堆在一起，加入引火物，即小块的木头，用于在柴火被点燃前维持火苗。其次，用火柴在几个不同的地方点燃报纸。最后，观察并调整柴火，使其充分暴露于火焰和氧气中，直到反应发生，正常燃烧。

维系重大改变也是如此。计划不仅要囊括最初的火苗，也要考虑到获得和维持预期的火焰所需的所有能量。

有始有终

为了实现持久的改变，形成新键至关重要。如果新的化学键无法形成，那反应就不能完成，旧的化学键就会恢复。活化能必须帮助重新形成化学键，并且确保其很难甚至完全无法恢复到原来的状态。成功的反应需要一种新的行动方式。

行动的规模越大、越具挑战性，其所需的活化能就越多。要记住，做某件事的导火线也属于其所需的活化能。所谓导火线，就是包括骆驼背上的一切，而不仅是最后一根稻草。

了解需要的活化能大小有助于戒除成瘾行为。这里的活化能不仅要帮你做出戒除成瘾行为的决定，还要让你足以应对做出这一决定必须发生的一切。至于究竟需要多少活化能才能让一个人最终戒除恶习，可能需要足够的能量来首先打破引发成瘾的旧键，再形成完全不同的新键。

还有一个重要的步骤是评估自己的内外部环境，找出哪些情形和暗示会促使你重新沉迷于成瘾行为。这些都属于触发因素，抵抗它们的诱惑需要消耗能量，所以必须努力消除这些因素。否则在没有新键取代旧键的情况下，很容易旧瘾复发。

短暂的变化很容易。很多人都没有意识到，要推动真正的改变，需要弄清启动反应且最终完成反应所需的初始能量投入。活化能投入不足就无法产生我们想要的结果。尝试多次依然屡屡失败难免令人灰心丧气，我们会觉得自己注定成功不了，或者形势注定无法扭转，却很少关注在旧有结构被打破时，我们是否付出了足够的努力支撑新结构的形成。许多革命最终失败的原因就在于打仗与治理国家需要的技能是完全不同的。大多数革命关注的是打破现有结构所需的能量。在大多数情况下，启动变革所需的能量不容小觑：物理力量（比如武器），以及意识形态力量（比如大量民众的支持）。如果你在计划一场革命，那么这两个条件可能就是你需要重点关注的。谁应该被免职，有何机会促成此事？需要多少火力、多少支持者？启动反应所需的活化能必须考虑到领导层的变化和武器的能力。但活化能的模型表明你不能止步于此，因为单单让领导层下台并不是反应的全部。革命的目的是改变社会结构，所以在计划时也要考虑实现这一目标所需的步骤。

因此，还要预测在打破旧结构后形成新结构所需的条件。如何保住民众的支持率？可以采取何种举措来巩固革命目标？要花多长时间？在实现目标前需要做的每一件事都是完成反应所需的活化能。成功无法一蹴而就，要为完成任务所需的能量做好计划。下面就以一次真实发生的革命为例，看看如何才能实现持久的改变。

布基纳法索是西非的一个内陆小国，以前是法国的殖民地，1960年独立后定国名为上沃尔特共和国，独立后仍然依赖法国的支持。托马斯·桑卡拉[1]是20世纪80年代布基纳法索的一名革命家，他在那里出生、长大，家庭是典型的中产阶级，不过国家整体十分贫穷。桑卡拉在服兵役期间周游了整个国家，目睹了现有领导层给祖国带来的创伤。他眼见民不聊生、腐败猖獗，认为国家严重依赖西方，因此不堪一击，这些都激励着他成长为一名革命家。[2] 他帮助发动了一场成功的政变，给国家更名，并担任了四年的总统。他的故事以及布基纳法索的那段历史告诉我们维持改变后的成果需要付出多少努力。

桑卡拉认识到，推翻现政府并不足以实现全面改革，包括提高识字率、普及教育和医疗服务。正如欧内斯特·哈施在《托马斯·桑卡拉》一书中所述，桑卡拉没有参加更早之前的政变，因为他认为无法解决国内系统性腐败和不平等的问题。桑卡拉和支持他的下级军官想等到他们"强大到足以影响事态发展"时再开始行动。

---

[1] 托马斯·桑卡拉（Thomas Sankara, 1949—1987），布基纳法索革命家、前总统。桑卡拉的成就范围之广、对布基纳法索人民的重要程度之深，让人很难相信他竟然仅仅执政四年。通过政变夺取国家控制权后，他推动了从医疗、教育到性别平等和政府支出的全面改革。

[2] Harsch, Ernest. *Thomas Sankara: An African Revolutionary*. Athens, OH: Ohio Univ. Press, 2014.

桑卡拉对革命的计划，就好比在衡量需要多少活化能才能确保反应最终完成。在任何一场革命中，仅瓦解当前的体系是远远不够的，因为倘若没有取代旧体系的新体系，同样的问题（比如腐败或者对公民选举权的剥夺）都很可能会再次出现。从古巴到智利，20世纪不乏鲜活的革命案例供他研究，为建立一套新的政治、经济和社会体系所需的准备工作寻求启发。

此外，桑卡拉显然是从本国持续不断的政治动荡中吸取了教训。1960—1982年，布基纳法索发生了多次政变和权力更迭。军队和文职领袖之间的紧张关系，以及来自工会和旱灾的压力导致了社会动荡和权力斗争。桑卡拉最终参加了一场得到民众广泛支持的政变，并于1983—1987年担任布基纳法索总统。在作为领导人的四年间，桑卡拉一直在努力摆放足够的"引火物"，燃起足够的火焰，最终使他的愿景之火得以熊熊燃烧，亘古不灭。"桑卡拉……没有浪费时间，很快就勾勒出了他的革命愿景：推行彻底的改革，为所有公民的利益服务；消除无知、疾病和剥削；发展更具生产力的经济以消除饥荒、改善生活条件。"

桑卡拉放权给当地官员以实现他的愿景；禁止女性割礼和包办婚姻，任命女性担任内阁要职，开非洲领导人之先河，以此推动全社会实现男女平等；诊所和学校在全国各地如雨后春笋般涌现出来，建立者大多是志愿者，他们受到桑卡拉真心变革社会、为所有人谋福祉的鼓舞。桑卡拉还成功地在全国范围内开展扫盲运动，以及推行大规模的疫苗接种。

所有这些举措都属于建立崭新的社会和政治制度所必需的活化能。桑卡拉希望实现国家的独立自主、自力更生，拒绝外国援助，因为他认为"谁养活你，谁就控制你"。他将大量土地资源重新分配给农民，三年内使小麦年产量翻了一番还多。桑卡拉也努力说服周围的人相信新体系并为之奋斗。"那些与总统共事的人明白了，只要志存高远，哪怕目标看似不切实际，他们也能完成远超预期的事情——他们可以突破可能性的边界。"

桑卡拉积极着手推进改革举措的贯彻落实，仿佛新的体系已经成熟，而所有变革必将卓有成效。这是冒险之举。要想成功完成反应，所需的其中一部分活化能就是必须下定决心坚持到底，必须致力于完成反应的全过程。

桑卡拉推行了改革，鼓励民众承担更多责任，合理管理土地、积极保护环境。他表示："如果没有自然的再生和保护计划，就无法实现农业的可持续发展和生产力的提高。"他的这番言论发表于 1985 年，彼时，可持续性在北美还称不上重要议题。而那时的桑卡拉就已经将布基纳法索定位为处于伟大繁荣发展的开端。他确实高瞻远瞩。

在创造、维系一个稳定的新体系所需的活化能方面，或许他在很多层面都做对了。他付出的努力、共事的人、在四年总统任期内取得的惊人成就，无一不证明了他确实在努力备齐完成反应的全部条件。但他似乎唯独判断错了必须来自人民的活化能的量。

与所有彻底的政治变革一样，并非所有人都能立即接受巨变的发生。变化往往令人生畏，想要维持现状不过是人之常情。不出所料，有人反对桑卡

---

1   California Newsreel. "Thomas Sankara: The Upright Man" (film review). http://newsreel.org/nav/title.asp?tc=CN0205. Accessed June 7, 2019.

拉的新政策。他的应对措施不是通过修改计划或者与其他政治团体协商来安抚不满情绪，而是选择镇压反对派。他设立的法庭会在没有确凿证据的情况下判刑；"在教师集体罢工时，桑卡拉把他们都开除了"。如此种种严重影响了其长远目标的实现，毕竟没教师就很难改善教育，也使他失去了民众的支持。

不妥协立场的问题在于没有给怀疑者一个找寻最大公约数的机会。在布基纳法索，"桑卡拉太过投入于实现自己的理想，没有耐心给民众足够的时间慢慢消化这些变革举措"。没有人民的广泛支持，重大的政治和社会变革很难展开。

桑卡拉还来不及纠正航向就在1987年死于暗杀，而由他启动的反应也远不够稳定，无法自发继续进行下去。于是，旧秩序卷土重来，贪墨成风，贫富分化，财富重新集中在少数人手中。

在追求实现大多数人做梦都不敢想的目标的过程中，桑卡拉消耗的活化能却间接促成了另一项或许是计划外的成功：一笔精神财富。他对国家的愿景至今仍然激励着人们。正如哈施所述："桑卡拉的革命给世人留下了什么？最显而易见的答案是：对这个人物的记忆，以及他积极捍卫的思想。"

他的遗产一直延续至今。"无论是在周年纪念活动还是其他场合，常能看到西非各地的年轻人穿着印有桑卡拉头像的文化衫，社会活动人士能轻易找到他的演讲资料，来自马里、塞内加尔和布基纳法索的音乐家都会在自己创作的流行歌曲和视频中插入桑卡拉的演讲片段。"在塞内加尔，年轻人会穿着印有桑卡拉肖像和"我还在这里"字样的 T 恤衫参加集会。

或许桑卡拉原本希望能有更多的时间来实现他的愿景，但这个故事充分说明了在变革中投入精力有时会产生意想不到的反应。最终，虽然他没有足够的精力来建立一个繁荣稳定的布基纳法索，但"因为他追求并捍卫的事业时至今日依然能引起全世界被压迫者的共鸣"，他得以留下了一份稳定的遗产。这是非常了不起的。

防止倒退

从穷国变成富国需要多少活化能？要实现可持续的经济发展，不会因为一次经济衰退就回到原点，又需要多少活化能呢？

在《亚洲大趋势》一书中，乔·史塔威尔研究了日本、韩国和中国台湾三个经济体实现成功的基础，以及印度尼西亚、菲律宾和泰国经济失败的原因。以上所有这些国家和地区都经历过强劲的经济增长期，但只有前三者能将短期的快速发展转变为足以抵御衰退和挑战的可持续增长体系。有关活化能的关键要素是评估需要多少活化能才能实现反应的全过程。究竟要进行到何种程度才能确保反应不可逆？

史塔威尔在书中指出，为实现可持续的经济发展，日本、韩国和中国台湾都采取了以下"三大干预举措"：首先，使农业产出最大化；其次，积极鼓励制造业的投资、创业；最后，出台财政政策支持以上两个领域的发展。因此，三者都采用了一种综合性手段，"改变了它们的经济结构，使其几乎不可能再倒退回原先的发展阶段"。

正如史塔威尔所述:"变革的工具是一系列土地改革计划,将农业用地平等地划分给所有农业人口(一度兼顾了土地肥力的差异)。在政府对农村信贷和营销机构、工作效率提升专题培训和其他配套服务的支持下,这催生了一种新型市场。"在这些农业政策得到巩固并显著提升生产力、推动经济发展后,日本、韩国和中国台湾制定了促进制造业发展的政策。为了在制造业打造长期的生产力,当局会奖励成功的出口企业,达不到全球竞争标准的公司则会惨遭淘汰。

日本、韩国和中国台湾的财政政策旨在支持农业和制造业的产业政策。总而言之,"东北亚地区的财政政策体现出,需要支持小规模的高产农场以实现农业总产量的最大化,而不是通过大规模的'资本主义'农场实现投资回报的最大化。财政政策体现出,工业发展需要延迟满足利润要求,允许工业有一定的学习过程。换言之,财政政策往往愿意以工业投资在短期的低回报换取未来长期的高回报"。

与之形成鲜明对比的是,那些在同时期发展,但没有采取农业干预措施的亚洲国家,也在很长一段时间内取得了惊人的增长,只是这种增长不可持续。由于印度尼西亚、菲律宾和泰国没有进行真正的土地改革,农业产出疲软。因为对地主来说,出租土地要比通过投资提升产量更赚钱,农户自然也没有动力在租来的农田上提高产出。在制造业方面,这些国家放任企

---

1 Studwell, Joe. *How Asia Works*. New York: Grove Press, 2013.

业仅仅专注于更容易经营的国内市场，这就在无形之中打消了对知识转移和技术发展的积极性。当然，这些国家的财政政策也都支持不进行土地改革、几乎没有出口的现行做法，而把重点放在消费贷上。史塔威尔解释道："东亚地区银行业回报率最高的恰恰是最落后的国家——菲律宾、印度尼西亚和泰国。"在这些发展中国家，对银行利润的短期关注并没有带来可持续的增长。

因此，在经济形势一片大好的时候，实现增长没有问题，但当金融危机来袭，那些尚未实现重大经济转型的国家便无力应对挑战。泰国、印度尼西亚和菲律宾的经济增长陷入停滞，人口返贫。他们的政策没有足够的活化能来完成经济发展。

需要明确的是，日本、韩国和中国台湾在开始实施政策变革时也并非一帆风顺。有些企业成了赢家，享誉全球，比如丰田和尼康，但与此同时也不乏输家。国际关系也一度紧张。成功来之不易，普通民众不得不牺牲短期回报来换取长期的国家利益。不过无论如何，应对困难都是抵达终点线、完成反应的必经之路。

这里的重点并不是说从根本上实现国家经济转型所需的活化能有一个确切的剂量。正如史塔威尔所述："不同的经济体制适用于不同的发展阶段。"认识到反应确实需要活化能，再考虑清楚启动反应及确保反应完成需要何种条件，就能大大增加成功的概率。

史塔威尔提出的论点无关经济体如何保持健康发展，而是关乎经济体如何才能"先富起来"。土地改革和工业发展中的保护主义并非长期的政策立场，而是实现可持续增长所需的部分短期活化能。在阐述日本、韩国和中国台湾的有效发展时，史塔威尔写道："没有一个重要经济体是从一开始就通过自由贸易和放松管制的政策实现成功发展的。一直以来需要的就是积极的干预措施，在农业和制造业领域尤为有效，以此促进资本的原始积累和技术学习。"

结论

创造持久的变革要比单纯进行改革更难。不要低估打破现有化学键且生成强有力的新化学键所需的活化能。有些反应很耗时，而所有反应都需要一定程度的努力。尝试准确估计所需的活化能可以避免过早放弃：不会在上坡的路上发现汽车没油了，也不会在过渡阶段停止对团队的支持。如果有足够的活化能，反应就会继续进行，最终有始有终，完成已经开始的反应，形成需要投入大量活化能才能构建起来的新化学键。实现真正的改变需要付出努力。投入比预想得更多的精力，你就更有可能实现目标。

化学

02 催化剤

促変者。

催化剂能加速变化的发生。虽然不能改变化学平衡，但能显著提高化学反应的速率。

找到合适的催化剂至关重要，一种催化剂并非对所有的化学反应都有催化作用。因为不同的反应需要不同的活化能，所以有许多不同种类的催化剂。

催化剂的最后一个重要特征是其自身在反应前后不发生变化，可以反复使用，因此很有价值。

催化剂的作用机制在理论上相对简单，它为反应的发生提供了替代途径，更多的反应物粒子具备了足够的能量，因此反应更快、更安全，可以帮助工业生产降低成本。

催化剂无处不在，只是你可能没有注意到它们的存在。日常生活中的许多产品，比如面包、纸张、酸奶和洗涤剂，其实都是借助催化剂生产出来的。在人体内，催化剂也负责促进从运动到消化的各种过程。

催化剂便利生活的一个典型案例就是柴油车和汽油车的催化转化器。因为汽车排出的废气中含有一氧化碳等有毒物质，被释放到大气中会造成一系列危害，比如加剧呼吸系统疾病等。为了尽量减少这些危害，催化转化器可以利用催化剂将废气转化为危害较小的气体。

人类很可能是在发明酒精时首次发现了催化作用，尽管当时可能还没有专门的术语对其加以描述，人类对相关作用机制也一无所知。酒是人类最古老的发明之一，其独特之处在于它的受欢迎程度跨越了文化、国家和宗教。

我们不知道究竟是谁首先发现了酿酒的方法，但已知最早的证据可以将酒精的生产追溯到一万年前，发酵的历史可能还要更久一点儿，不过这方面没有考古记录。生产酒精的催化剂是酵母。除了酒精，肥皂的发明中也有催化剂的身影，将油脂与碱性物质或碱结合能制成好用的清洁产品。

在随后的几千年间，人们发现了催化剂的许多用途。针对催化剂的科学研究始于18世纪。伊丽莎白·富勒姆经过大量的实验发现，大多数氧化反应必须有水才能发生。她还注意到反应所需的水在反应后又会重新生成，并没有在反应过程中被耗尽。富勒姆是科学史上的一位杰出人物，一方面是因为她的研究工作极具前瞻性，另一方面是因为她是最早在某个领域做出重大贡献的女性之一。因为她是女性，她的许多同行拒绝接纳她的研究成果。不过时间证明了她是对的，她的研究发现在科学史上举足轻重。

几十年后，化学家永斯·雅各布·贝采利乌斯首次提出了"催化"的概念，并将许多前人的研究成果整合成了一个清晰的理论。到19世纪末，研究人员终于对催化建立了合乎逻辑的理解，威廉·奥斯特瓦尔德将其定义为可以加速反应的物质，他认为没有化学反应是不能通过催化剂来加速的。

工业革命开始时，人们很快便意识到在制造业中使用催化剂的前景，也申请了许多专利。事实证明，经济收益有效激励了对催化剂的科学研究，这可能也是在短时间内能取得巨大突破的原因之一。

科学日新月异，但我们仍然不知道世界上有效的催化剂究竟有多少——这是交给未来科学家的一个挑战。催化剂使得许多流程变得更快、更安全，成本也更低，堪称无名英雄。

> 催化作用之于化学反应，好比土木工程之于阿尔卑斯山：要去地中海，不必翻山越岭，走辛普朗隧道即可。[1]
> ——拉尔斯·奥斯特罗姆

第一个互联网

催化剂不是反应发生所必需的，但可以使反应更容易发生。有了催化剂就意味着有了更多的可能达成反应的起始条件。就像所有来自物理世界的模型一样，催化剂本身不分好坏，无论是正向还是负向的反应都能因此得到加速。

留心观察，你会发现"催化剂"其实无处不在。比如印刷机，它大大加快了学习过程。如果把获得知识看作一个反应，那么在印刷机出现之前，这个反应需要相当大的活化能才能启动。

---

1 Öhrström, Lars. *The Last Alchemist in Paris: And Other Curious Tales from Chemistry*. Oxford: Oxford University Press, 2013.

手稿数量有限，只有一小部分人能有幸读到。要找到想读的书也很麻烦，需要花时间、想办法。为了学习，学者需要在不同的抄写室之间穿梭，搜寻亚里士多德或者欧几里得的著作。此外，读到的内容也不能全信，抄写很容易出错或者在原作的基础上添油加醋，并且有时为了重复使用羊皮纸，手稿内容也会被擦掉。对中世纪的学者来说，手稿越古老，就越有可能是准确的。[1]

印刷机起到了催化剂的作用，加速了人们获取知识的过程。从此有了一种可反复复制知识的方法——书本。书本比手稿更便宜，制作速度更快，因此也更普及。

如今，获取知识所需的时间更少，成本更低，相当于降低了活化能。印刷机增加了知识，因为它拓宽了反应发生的条件，提供了更多学习和获取信息的途径。

意想不到的后果

社会催化剂可能会以让人意想不到的形式出现。比如黑死病曾席卷全球长达数世纪，其影响程度在 14 世纪达到顶峰。这场流行病是一出人间惨剧，夺去了数亿人的生命，但与此同时它也是社会、宗教、经济和文化变革的强大催化剂。虽然我们无法确切知晓这些变革是否本就会发生，只是时间治愈了创伤，才让我们从中找到一点儿积极的意义，但似乎黑死病确实是

---

[1] Eisenstein, Elizabeth L. *The Printing Press as an Agent of Change*. Cambridge: Cambridge University Press, 1979.

我们当今社会许多重要元素的开端。

黑死病的确切起源已不可考，但其传播途径广为人知。动物，特别是老鼠，携带着感染了鼠疫杆菌的跳蚤爬上驶向世界各地的船只。接着，跳蚤会跳到人类身上，通过叮咬使人感染。在14世纪40年代，贸易路线给欧洲带来了新的财富和机会，但也带来了无妄之灾。由于当时的人们并不知道导致瘟疫的原因，他们继续迁徙和贸易往来，将瘟疫传播得越来越远。

随着时间的推移，越来越多的人丧生，社会开始悄然变化。因为劳动力大大减少，旧有的劳动体系分崩离析。工人可以要求涨薪，毕竟雇主很难再找到其他工人。一边是工资上涨，另一边是租金下降，地主们懊恼地意识到，他们拥有的土地数量已经超过市场需求。幸存者的境遇得到了极大的改善，社会流动性的增加使得最底层的人民也能实现阶级跃迁，提高收入。因为那些曾经艰难求生的贫苦人民如今有了可支配收入，新兴产业不断涌现以满足他们的需求。土地价格下降，劳动力价格上涨。由于工人数量减少，节省人力的技术被开发出来，使农业生产更加高效。总而言之，社会结构在经历调整后变得更加平等。

基督教会长期统治社会，是黑死病削弱了它的控制力，原因有二：其一，人们发现这场悲剧的发生与宗教教义相冲突；其二，宗教团体本身并未幸免于难，牧师和宗教领袖的数量也显著减少。随着基督教会被削弱，新思潮涌现并促进了文艺复兴。虽然欧洲的文化发展停滞了几个世纪，但教会的衰落使科学取得了巨大进步，文学和诗歌的主题也发生了重大变化。宗教活动照常进行,教会仍然是社会的核心,只是人们对宗教的情感发生了变化。

黑死病或许也改善了幸存妇女的生活条件,她们开始以新的方式进入劳动力市场,特别是在酿酒等行业。女性还开始推迟结婚年龄。

医学也发生了变化。在此前的几个世纪内,医学进展缓慢,主流思想是体液学说[1]。此时的人们逐渐认识到,关于人体的旧有观念并不正确,医生也将重点转向了基于观察的研究。出生于这场瘟疫之后的几代人大都更长寿,也许是因为只有最强壮的人才能活下来把基因传给下一代。

黑死病几乎是社会各个领域发生变革的催化剂。尽管这些变革可能本来就会发生,但疫情加快了它们的进程。正如彼得·弗兰科潘在《丝绸之路》一书中所述:"尽管这场瘟疫酿成了惨剧,但也最终成了社会和经济变革的催化剂。这一变革意义深远,非但没有让欧洲覆灭,反倒使其重获新生。"[2] 诚然,这些变化并非均匀分布,也并非所有幸存者都平等地从中受益。但总的来说,从悲剧中重新崛起的欧洲焕然一新。随着人口数量的恢复,社会发展的车轮滚滚向前。虽然疫情过后短期的经济增长逐渐消失,但一些新的结构得以保留。

催化剂引发改变。合适的催化剂能让曾经看似不可能实现的目标变得易如

---

[1] 古希腊医生希波克拉底提出了"体液学说",认为人体是由血液、黏液、黄胆和黑胆这四种体液所组成的系统,四种体液的不同配合使人们有不同的体质。希波克拉底认为医师所应医治的不仅是病而是病人,从而改变了当时医学中以巫术和宗教为根据的观念。——译者注

[2] Frankopan, Peter. *The Silk Roads: A New History of the World.* New York: Vintage Books, 2017.

反掌。这里的"催化剂"不单单指上文中引发全方位系统性变革的那种，也包括我们在日常生活中会遇到的小型催化剂：爬楼梯时累得上气不接下气可能是促使一个人开始加强锻炼的催化剂；度过某个重要的生日可能会促使一个人改换职业赛道；对健康的担忧可能会促进习惯的改善。对许多人来说，经历痛苦，比如被解雇或被拒绝，往往都是个人实现快速成长的催化剂。

国王的舒适空间

富人、名人或者德高望重者的背书可以在文化规范的演变中起到催化剂的作用。社会在持续演变。随着时间的推移，我们会改变自身的情感和偏好、我们对"可接受行为"的定义，甚至是对人何以为人的看法。影响这些变化的力量有着各种不同的来源。

技术创新带来了不同的组织方式，其影响波及整个社会。技术创新也会引发地缘政治变化，需要公民转变职责，而这导致产生了社会角色的新观念。

有时，这些发展停滞不前，缺乏足够的能量来产生系统性的变革；有时，意见领袖接受了一些看似无关痛痒的变革，最终成为加速社会接纳改变的催化剂。

路易十五[1] 就是这样一个人物。18 世纪，在法国乃至整个欧洲，房屋装修

---

[1] 路易十五（Louis XV, 1710—1774），法兰西波旁王朝国王，5 岁就开始掌权，在位长达 59 年。他取得了一些功绩，但也曾面临一系列尴尬的失败，他做出的错误选择最终点燃了法国大革命的导火线。

的唯一目的就是彰显主人的财富和资产。住宅并非清净隐秘的庇护所，而是社会地位的展览馆。到 18 世纪中叶，这一观念已经发生变化。房屋的设计开始注重舒适和私密性，完成了从直背木椅到软垫沙发、从公共厕所到私人抽水马桶的转变。简直令人不可思议。如今大多数人都无法想象回到过去那种生活。因此，我们都要感谢路易十五，因为有他才有了舒适家居的理念。

将家视为私人空间的转变，部分原因也在于此时发生的更宏观的社会变化。由于政治局势更加稳定，上层阶级的搬迁减少了。技术蓬勃发展，人们对室内管道和中央供暖有了全新的理解。也许最重要的是启蒙运动正在兴起，它强调个人自由以及知识和思想的共享。这些变化导致的结果之一是法国皇室希望宫殿的设计更舒适。

在执政期间，路易十五将凡尔赛宫从一个并不舒适的公共空间转变为反映居住者对舒适生活追求的场所。这座宫殿的室内区域是他创造的舒适空间，在这里，他和家人以及亲密的知己可以生活于公众视线之外。他用大量的沙发和扶手椅取代了木制的脚凳，即便是在国王面前，熟人都能放心地坐着。在他的私人房间里，他的身份只是路易。他还在所有私人房间里安装了室内管道和抽水马桶，这样到访凡尔赛宫的客人就再也不用去走廊的洗手间方便了。卧室不再是任何人可以随意进出的地方。其他房间要更小一点儿，都具备特定的功能。简而言之，路易十五的设计理念已经使得居室初具现代住宅的雏形。

1　DeJean, Joan. *The Age of Comfort*. New York: Bloomsbury Publishing, 2009.

自催化

当一个反应的生成物与启动反应所需的催化剂相同时,反应就可以不断自我维持下去,也被称为自催化反应。在充分利用催化剂的作用方面,自催化反应就是最理想的状态。生活中有多少事情是我们希望可以长久进行下去而无须我们不断额外投入精力的?

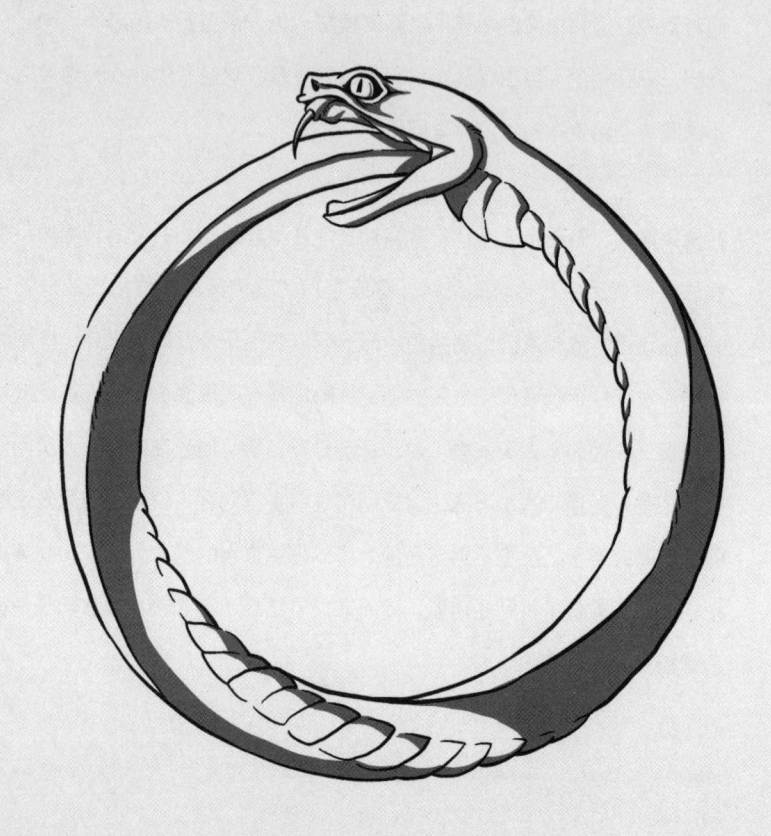

不过，这些理念其实并非路易十五首创。他深受两位人物的影响，一位是他父亲的情妇蒙特斯潘夫人，另一位是他的情妇蓬帕杜夫人。前者在凡尔赛宫实施了一些改造，后者则注重舒适和隐私。但她们其实也是受到社会中的变化和发展的耳濡目染。

因此，倘若没有路易十五的推动，大众对舒适和隐私概念的广泛接受也很可能本就会发生。但是，正如若昂·德让在《舒适时代》一书中所述："舒适化改造的发明是一项重大且成本高昂的事业，它首先改变了皇室建筑的外观，随后改变了整个巴黎的城市景观，而且这变化突如其来，以至于同时代的人不断重复说，这一切就好像是在变魔术。"

路易十五和整个皇室在一开始对居所舒适化改造的大力推行使其变得令人向往，成本也更为低廉。追求舒适的人越多，购买相应产品的人就越多，价格就越低。由此形成了一个正反馈循环，让越来越多的人可以接触到舒适的家居元素。路易十五使得舒适既为社会所接受，又在经济上负担得起。

结论

催化剂能加速本就可以发生的反应，减少了引起变化所需的能量，在此过程中使得原本可能不会发生的反应得以发生。人和技术往往能起到催化剂的作用，加快社会变革和发展的步伐。

化学

03 合金化

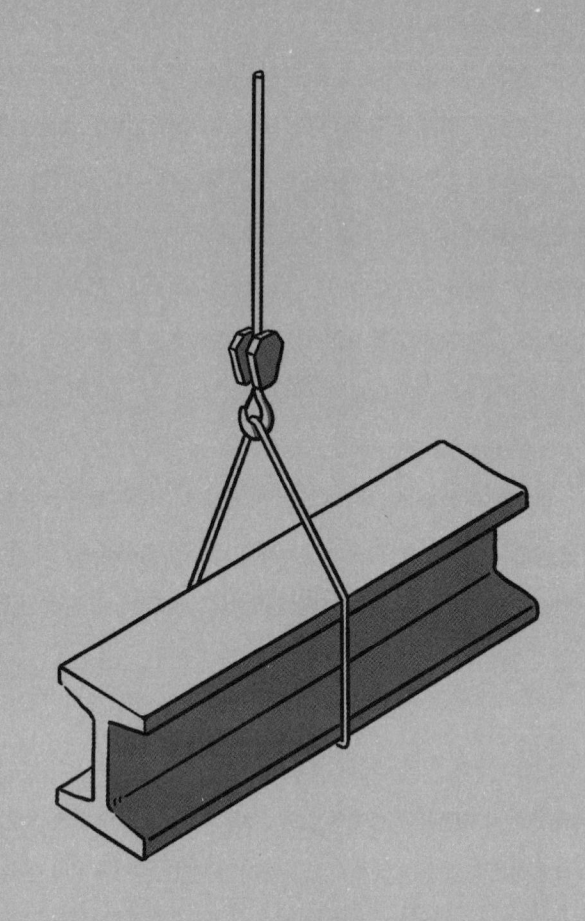

整体大于各部分之和。

合金化是一个极富价值的流程，因为能将成分以特定的组合方式结合起来，产生的物质可以达到单个元素无法达到的效果。合金是由一种金属与另一种或几种金属或非金属组成的液体或固体混合物，合金化指的就是制造合金的过程。合金化是为了合成具备独特性能的产品，如高强度、耐腐蚀性、更长的使用年限等。

合金化极大地影响了人类的生活。例如，苏美尔人发明了由 90% 的铜和 10% 的锡制成的青铜。青铜比纯铜或纯锡更坚硬，也更耐化学腐蚀。他们用青铜制造工具和武器，并因此得以征服附近的其他族群。在青铜时代，亚洲人也有效利用了青铜。亚洲铜矿产出的青铜质量与世界其他地区不同，因此，亚洲人得以制造更好的乐器、镜子、工具和武器。

历史上另一种重要的合金是钢，它至今仍是生产最广泛的金属。波斯人在公元前 16 世纪发明了碳钢，从此开启了铁器时代。钢是由铁和碳制成的合金，比纯铁坚固得多。钢的硬度使得农业用具和武器得到极大改善。向碳钢中再加入镁、镍和铬等金属能使合金具备不同特性，比如不锈、耐磨损或耐腐蚀。

并不是每种元素的组合都会产生性能更好、用处更多的合金，然而一旦找到一种有效的组合，就可以帮助完成以前无法完成的事情。"在炼钢的最初 4 000 年左右的时间里，早期的化学家和冶金家对背后的科学原理一无所知，因此也很难优化工艺流程。此外，自然界中的铁矿石种类繁多，并且常常含有磷原子和硅原子，使得冶金更加棘手和复杂。对某个铁矿适用的冶金过程照搬到另一座矿山可能就无法获得满意的产品。"然而，这些化学家和冶金家坚持不懈、百折不挠，为自己和社会的成长与发展提供了新的机遇。成功的合金可以达到"1+1=10"的效果。"合金化"这一模型与团队组建、知识学习等在内的一切事物都有着千丝万缕的联系。

其中一个适用的领域就是医学。有时，将两种或两种以上的药物结合起来，要比单独使用某种药物的效果更好。比如，化疗药物的毒性很大，几乎必然会产生危害很大的副作用，但将之与减少副作用影响的药物结合使用就可以增强疗效。再比如，某种化疗药物可能只是针对某个特定的生化途径设计的，如果单独使用，癌细胞可能会产生耐药性，找到存活的替代途径，使药物失去治疗效果。如果结合使用针对不同途径的药物，那么摧毁肿瘤或阻止其生长的概率就会大大增加。

在日常生活中，我们往往面临着具备某项重要技能，却因为没有掌握其他必要辅助技能而无法充分发挥其价值的窘境。我们需要与具备这些辅助技能的人合作，组成一种部分大于整体之和的"合金"。在从零开始制作产品时，不仅要考虑原材料本身，也要顾及它们的组合方式。一个空有好想法的团队，总也比不过既有想法又明白哪些值得尝试，并且有能力把想法变成现实的团队。

两个人如何打败一支军队

两个人携手合作，将各自的技能结合起来，会使他们拥有比其中任何一人单独行动时更为强大的能力。1812 年美国第二次独立战争在美国与英国之间展开，发生于如今的加拿大与美国的边界上。英国人在独立战争中败给美国人后，试图保护他们在北美剩余的利益。美国人希望把英国人完全赶出北美，或者至少为正在进行的有关英国海军行为[1]的谈判获得一个讨价还价的筹码。在此背景之下，作为英国殖民地的加拿大人口稀少、资源丰富，成为两国的必争之地。

然而，由于英国卷入了与法国的战争，其在北美的领土在英国的优先事项中只能屈居第二，因此英国只投入了一小部分资源用于阻止美国的扩张。对部署在加拿大战场的英国军队来说，显然需要一些创造性思维才能出奇制胜。

美国人本以为攻下加拿大易如反掌，毕竟领土幅员辽阔，而相形之下士兵寥寥、防御松懈，他们没料到会面临多大的挑战。因此，当底特律堡垒一处要塞的美军没有经过任何战斗就向英国投降时，他们着实大吃一惊。这一切的发生正是由于两个人的携手合作，这种合作让他们完成了各自单独无法完成的事情。

特库姆塞[2]是北美印第安肖尼族酋长，也是印第安部落联盟的领袖。他"最大的追求和热情所在就是在美国领土上建立一个印第安国家"[3]，他最知名的战斗还不是1812年的战争，而是为保卫印第安领土进行的另一场战

1　1812年，欧洲大陆的战争进入了白热化阶段。法国人占据了陆地，英国人控制了海洋。英国的贸易受欧洲大陆抵制，粮食供应被切断。英国因此颁布敕令要求美国所有船只都必须在英国卸下货物，禁止英国和欧洲大陆贸易，还屡屡在公海上搜查美国商船强征美国海员入伍。——译者注

2　特库姆塞（Tecumseh，1768—1813）。印第安肖尼族酋长和战士。受自己父亲在与法国人的战斗中英勇牺牲的鼓舞，特库姆塞毕生致力于领导抵御白人、捍卫家园的斗争。他一生战功赫赫，最终战死沙场。

3　Laxer, James. *Tecumseh & Brock: The War of 1812*. Toronto: Anansi Press, 2012.

争。艾萨克·布洛克少将[1]一直为英国军队效力，尽管更希望被派驻法国而非加拿大，他还是以满腔热血坚定捍卫英国在加拿大的利益。正如詹姆斯·拉克瑟在《特库姆塞和布洛克：1812年》中所述："二者的背景和生活经历截然不同。"

当美国人宣战时，特库姆塞和布洛克便意识到彼此结盟会增加他们成功的概率。对布洛克而言，特库姆塞能带来身经百战的战士，对这片领土有着深入的了解。对特库姆塞而言，与英军结盟可以极力遏制美军对北美大陆的控制，而且布洛克也是支持他建立印第安国家的盟友。"特库姆塞和布洛克志同道合、互相理解，二人联手便能实现他们各自单独无法实现的目标。"两人一致认为，主动进攻才能占据上风，所以他们把目光投向了底特律堡垒。

二人齐心协力，对美军堡垒实施了巧妙的心理战，不战而屈人之兵，顺利攻下堡垒。布洛克和特库姆塞互相配合，让美军误以为在底特律堡垒等待战斗的印第安人比实际人数还要多出数千人。布洛克利用了美军指挥官对印第安人的恐惧心理，特库姆塞则利用他的手下上演了一出精心策划的视觉操控。当美国人升起白旗投降时，双方没有任何伤亡。

英军未经流血牺牲便占领了底特律堡垒，这让美国人猝不及防。"在底特律之战中，特库姆塞和布洛克实现彼此优势互补，将印第安士兵的速度与灵活性同英国正规军的火力和实力相结合。事实证明，这样的强强联手对

---

1 艾萨克·布洛克（Isaac Brock，1769—1812），英国少将、行政长官。他是为数不多预见到与美国必有一战的人之一，也因此确保英军为进攻做好了充分准备。

笨拙的美军和他们不靠谱的指挥官构成了致命一击。结果就是在巨大的实力悬殊下逆天改命、意外获胜。"

此后，两人继续为各自的信仰而战，不到一年便先后战死疆场。依靠在底特律堡垒发展的成功战术，英国成功地将美国人赶出了加拿大领土。在停战谈判时，特库姆塞和布洛克都已不在人世，英国对美洲印第安人领土的支持并不在条约内容之列。

知识是终极版的合金

回想一下我们学到的所有知识，会发现它存在不同的组成部分。至少我们可以轻易区分从第一手经验中获得的知识，以及从理论中（比如书本中）获得的知识。比如，很小的时候我们就通过经验学习到了炉子何时是热的，但至于这热量是如何产生的，却是我们长大后才在科学教科书上学到的。

此外，大多数人应该都认同，只向别人学习，或者只相信从一手经验中获得的知识都是毫无用处的。如果只能从别人身上学习，那就不会产生我们所说的知识。如果仅仅依靠理论学习，你就无法理解生活中所有细微的差别，比如你的伴侣或者团队的动态变化。如果仅仅依靠自身经验学习，那就注定会低效重复，重蹈前人覆辙。知识是理论与经验的结合，两者相辅相成、相得益彰。经验可以带来理论的更新，理论的验证或应用则可以引发新的经验。

除了这两个大类，知识这一合金的分类还可以进一步细化。亚里士多德[1]认为知识可以分为五类，"即今天所说的科学或科学知识（episteme）、艺术或工艺知识（techne）、审慎或实用知识（phronesis）、智力或直觉理解（nous）以及智慧（sophia）"[2]。这些类别并不严格，也会有交叉、重叠的情况，它们反映了在任何特定情况下需要掌握的知识。开车时，我们要学习交通规则和操作方法，进一步了解路况会如何影响驾驶，包括车辆操控和行驶时间，还要考虑行驶过程中遇到的其他司机在各种可能的情况下会做出的反应。知识的来源是多种多样的。

为了透彻理解知识与合金的相似之处，即会因为加入某些成分而进一步改善，不妨了解一下列奥纳多·达·芬奇[3]的一生。沃尔特·艾萨克森在《列奥纳多·达·芬奇传》[4]中表示，达·芬奇构想事物的方式异乎寻常，因此得以发现或证实领先时代数百年的概念。[5]

达·芬奇充满好奇心，总想知道世界是如何运转的，背后的道理又是什么。他善于观察，独具慧眼，经常一连数个小时研究鸟类和植物的茎，或者照着水的漩涡和光学元件做大量的笔记和绘画。在观察到一种现象后，

---

1 亚里士多德（Aristotle，前384—前322），古希腊哲学家、科学家。几乎在每一个领域，似乎条条道路迟早都会通向亚里士多德。作为史上最重要的哲学家之一，他的著作涵盖了一系列广泛但有条理的主题。他生活的细节和创作的手稿几乎都未能保存下来。亚里士多德是柏拉图的学生，亚历山大大帝的老师。

2 Philosophy of Technology." *Internet Encyclopedia of Philosophy*. https://www.iep.utm.edu/technolo/#-SH1a. Accessed October 29, 2018.

3 列奥纳多·达·芬奇（1452—1519），意大利博学家、艺术家、建筑师、科学家、音乐家等。达·芬奇是文艺复兴时期最完美的代表，几乎有无限的能力不断掌握新领域的知识。世人对他的印象可能主要停留在他是有史以来最伟大的艺术家之一，尽管他的画作只有少数得以留存于世。

4 Isaacson, Walter. *Leonardo da Vinci*. New York: Simon and Schuster, 2017.

5 本书中文版《列奥纳多·达·芬奇传》已由中信出版集团于2018年7月出版。——编者注

他会猜测其背后的原理,再通过进一步的观察加以验证。达·芬奇愿意挑战公认的真理,通过质疑来加深理解。"他无惧权威,大胆质疑,创造出了一种用于理解自然的实证研究法,为一个多世纪后培根和伽利略发展起来的科学方法奠定了基础。"

达·芬奇基本算是自学成才,几乎从未接受过正规教育,但他明白学习他人经验的重要意义。他在一篇笔记中写道:"请教算术老师,如何构造与给定三角形面积相同的正方形;请教贝内代托·波尔蒂纳里,他们如何在佛兰德斯的冰上行走;请教水力学专家,如何用伦巴第人的方式修理船闸、运河和磨坊。"这些笔记表明,没人有时间单凭一己之力完成所有事情,知识这块合金里必须包含可以从别人那里学到的东西。

达·芬奇还乐于融合不同学科的知识,他对大自然的理解为艺术创作提供了灵感,戏剧体验又促使他深入了解光学原理。达·芬奇的跨学科研究法通过增加应用场景,帮助他进一步巩固已学知识。"达·芬奇既重视经验,又学习传统观点。更重要的是,他认识到科学的进步来自二者的互动,这反过来又帮助他认识到知识的另一个来源——实验与理论的互补。"

在积累知识的过程中,我们所处的环境起到很大的作用,因为它是我们获取经验的来源。在这方面,达·芬奇很幸运,因为他出生在一个重视不同学科思想融合的时代和城市。在 15 世纪的佛罗伦萨,很多人将跨学科思想引入设计和发明创造。"这种不同学科思想的融合成了一种常态,因为具备不同才能的人会互相交流学习。丝绸制造商与金箔匠合作,设计出了迷人的时装;建筑师和艺术家发展了透视学;商店变成了艺术工作室,商人变成了金融家，工匠变成了艺术家。"讨论和交流在积累知识方面扮演着重要的角色。分享是检验知识的重要一环，可以验证在添加新信息后，知识的合金到底有多坚固。

想象力可以激发好奇心，就像达·芬奇的例子所体现的，它是知识合金的重要组成部分。想象可能发生的情况会驱使你验证实际情况，然后通过严谨的调查将想象与实际联系起来。达·芬奇在这方面堪称典范。"他将理论与经验相结合的杰出能力充分说明了敏锐的观察力、巨大的好奇心、实验验证、质疑教条，以及跨越不同学科找寻规律的能力，可以实现人类理解的巨大飞跃。"与生俱来的基因和成长的环境是我们的起点，但从某个时刻开始，我们也能成为自己命运的主人。知识是经验和理论的合金，这种合金可以在好奇心、想象力及相互分享的作用下得到进一步的强化，能帮助我们将知识转变为生活中真正的力量源泉。

结论

合金化是通过元素的结合来提高强度，起到"1+1=10"的效果。一个既拥有高超的工程技能又具备优秀表达能力的人，显然要比仅仅具备工程技能的人更有价值。要是再加上同理心、谦逊、适应力和自驱力，此人的前途将无可限量。要是不仅具备某一领域深厚的专业知识，而且理解支配物理世界的规则，那将非常罕见和宝贵，可以节省大量时间、金钱，避免问题出现。要是还能找到与你技能互补从而开拓能力的合作伙伴，那就是锦上添花。

不成比例的磨损

对系统的一部分有效的方法并不一定适用于整个系统。在机械系统中，如果某个部件明显遭受更多的磨损，那就最好给它刷上硬质合金涂层，使得损坏相对于系统其余部分的磨损最小化，防止因为频繁更换一个小部件而停止生产。

达·芬奇也对合金的发展做出了贡献。他是"第一个记录了制造最佳减摩合金配方的人，即'铜和锡按3∶7的比例熔化在一起'，与他用来制造镜子的合金类似。技术历史学家拉迪斯劳·雷蒂在1965年发现并出版了达·芬奇的手稿《马德里手稿》，他曾写道：'达·芬奇的配方可以显著降低合金的摩擦力。'他再一次比自己的时代超前了大约3个世纪。通常人们认为是美国发明家艾萨克·巴比特发明了史上第一种减摩合金，他在1839年为这种含有铜、锡和锑的合金申请了专利"。

生物学

01 进化（上篇）：
自然选择与灭绝

要么适应，要么死亡。

进化是一个强大的思维模型,因为它解释了成功与失败、环境与个人之间的关系,以及为什么最好要为不断的变化做好应对计划。这个概念的应用范围广泛,因此分为两个章节详述。

进化上篇的主题为自然选择与灭绝,介绍了环境中的压力如何塑造群体,促使它们进化或者灭绝。下篇则更为详细地讨论了如何才能适应我们所面临的不可避免变化。进化作为一种思维模型可以简化为"要么适应,要么死亡"。但我们认为重要的是不仅要了解应该如何适应,而且要了解我们在适应时究竟是在对什么做出反应。

把自然选择和灭绝放在一起看,可以促使我们审视自身所处环境的参数。要么对环境不断变化的需求做出反应,要么就会消亡。自然选择进一步告诉我们,根据环境进行优化是一个持续而危险的过程。人类一直在努力获得优势,以增加作为一个物种整体的生存概率,避免灭绝。

"选择"这个词有一定的迷惑性,因为它通常意味着挑选,比如"我选这个,不要那个"。在现实中,选择意味着一个性状在特定环境中越有利,具备该性状的生物体存活到能够繁殖的年龄的概率越大。生物学家海尔特·弗尔迈伊将其描述为"非随机淘汰"。

查尔斯·达尔文花了几十年的时间研究自然世界,他属于第一批观察到大自然在塑造所有生物上起到重要作用的人。随着每代生物与环境持续竞争,对生存所需资源的争夺意味着任何提高生存概率的性状都更可能被传递给下一代。久而久之,种群中性状显现的频率也会随着环境条件的变化而变化。这就是自然选择的定义。

自然选择"在很大程度上是关乎此时此地而非遥远未来的优势。能带来长期优势的性状之所以出现，是因为它们在个体的生活中也很有帮助，能产生正反馈"。一个成功的突变不会对生物的生存能力产生负面影响。自然选择不会保留那些将来可能有用的突变，而是保留现在立刻就能用上的改变。例如，行动迟缓的斑马会被狮子吃掉，跑得快的就能活下来繁衍后代，久而久之，整个斑马种群都会跑得更快。自然选择的一个关键因素是环境选择的有益性状增加了物种的生存概率。反过来说，任何毫无用处的适应性反应都不会被选择。正如拉菲·萨加林在《向章鱼学习》中所述："自然选择……是一个非常简单的过程，只涉及三个简单的因素：个体之间的差异性、倾向或选择某些特定变体的环境条件，以及复制那些更能适应环境的变体的手段。"

> 自然界中的生物能够存活并繁衍数十亿年，是因为它们有一个强大的特性——适应性。
> ——拉菲·萨加林

在任何给定的环境中，都有许多成功的方法。遗传给后代的不是最成功的那个性状，而是所有较为成功的性状。可以想见，除了速度更快的斑马更有可能存活下来繁衍后代，踢腿更有力或者视力更好的斑马能繁衍后代的概率也更大。

选择积极性状的关键前提之一是它们必须是可重复的。基因突变（导致的性状）或者后天习得（的技能）必须能够传递给下一代。如果适应行为可以在后续一系列情况下使用和培养，以增加个体和物种的适应性，那么这些行为就会被选择。

> 对于某个经济单位而言，如果新的情况相对于该单位的规模和寿命显得非常庞大或者极其罕见，那么这些新的情况往往是灾难性的。
> ——海尔特·弗尔迈伊

每一种生物行为和特征的存在都是出于同样的原因：使得生物存活足够长的时间来繁衍下一代，从而避免物种灭绝。所有生物都在努力确保本物种得以长久生存。为了避免灭绝，生物必须适应环境。

自生命出现以来，地球上存在过的绝大多数物种都已灭绝。"灭绝"的生物学定义为一个物种的最后一个成员死亡的时刻。例如，地球上最后一只旅鸽"玛莎"于 1914 年死于一座动物园内。但是，一个物种注定要灭绝的临界点往往出现得更早，即当种群密度低于使其免于灭绝所需的阈值时，这也被称为"阿利效应"。[1] 如果某一物种为数不多的幸存者仅存活于圈养环境中，被释放后也不太可能在自然栖息地重新繁衍，那就属于野外灭绝物种。由于剩下的个体太少，繁殖无法进行。物种灭绝既可能是出于自身原因，也可能是由于其他物种的活动，比如旅鸽曾经的处境。旅鸽的数量曾高达数亿只，却在短短几十年内就惨遭人类捕杀殆尽。

---

[1] Courchamp, Franck, Ludek Berec, and Joanna Gascoigne. "Allee Effects in Ecology and Conservation." *Oxford Biology*, 2009.

我们永远无法确定物种灭绝的确切原因。各方面的影响错综复杂，每种情形都有其特殊性，因此通常只能从结果中推断原因。此外，物种灭绝并不总是很快发生的，有时甚至跨越了数千年。不过，最常见的原因不外乎以下几种。

其一是竞争，一个物种的灭绝可能是因为它必须与适应能力更强的对手竞争。所需资源完全相同的两个物种无法在同一地区共存，外来物种的成功引进有时会导致本地物种的灭绝。由于适应速度不够快，本地物种便被竞争者夺走了自身所需的资源。其二，同时也是最常见的原因之一，是环境的变化，包括气候变化、森林砍伐、火山爆发，或者其他具有重大破坏性的事件。

更复杂的是，物种灭绝并不是孤立发生的。生态系统充满了盘根错节、非线性的相互依存关系。一个物种灭绝时，其他物种也有可能随之灭绝。有时，这种关系比较直接：一个物种灭绝了，其最主要的捕食者如果找不到其他猎物，便也会很快灭绝；有时，又没那么直接，当捕食者灭绝时，其猎物没了天敌的制衡便会大肆繁衍，最后可能导致这种猎物的猎物濒临灭绝。因此，我们无法预测灭绝的最终后果是怎样的。

要对灭绝进行分类的另一个问题在于，我们首先要能够对不同物种进行分类。物种是一个很难定义的概念。比方说，如果一只狗与一只土狼交配产生了后代，这能算一个新物种吗？我们还远远没有识别甚至发现地球上的所有物种。其实许多物种在人类尚未知晓其存在的情况下就已经灭绝了。据估计，世界上有1 000万个物种，其中仅有不到20%[1]被列入已知的物种目录。[2]

在任何系统中，因零部件不断磨损而需更换实属常态。生态系统也是如此。作为一种"元自然"选择，灭绝是地球上的生命普遍存在的特征。适用于个体的选择过程同样适用于整个物种。问题在于，确保一个物种生存下去的进化过程也可能恰恰给它招致灭顶之灾。在稳定的环境中，自然选择往往是一个日臻完善的过程，一个物种将越来越适应其生存的环境。这在可靠的条件下是很理想的，但也可能意味着物种缺乏应对变化所需的韧性。因此，虽然在正常条件下适应得最好的生物可能是最强大的，但环境一旦出现变化，它们可能就很难生存下来。"通才"物种要比"专才"更具韧性。老鼠或蟑螂几乎可以在任何地方生存，大熊猫则不然。

物种抵御灭绝的主要方法之一是快速繁殖大量后代。在新型疾病等意外平息后，种群数量很快就能恢复到之前的水平。繁殖比较缓慢的物种更脆弱，尽管它们也能找到其他解决办法，就像人类一样。

虽然灭绝是一种极端事件，但某一物种的个体大量死亡却是常态，经常会有大量的鹿和麋鹿活活饿死。一个地区的种群数量一旦太多，就会导致食物匮乏。因此，周期性的大规模饥荒有助于维持生态平衡，最终反倒使物种整体受益。尽管这很残酷，但为了整个物种的生存也别无他法。[3]

---

1   Mora, Camilo, Derek P. Tittensor, Sina Adl, Alastair G. B. Simpson, and Boris Worm. "How Many Species Are There on Earth and in the Ocean?" *PLoS Biology* 9 (8), 2011.

2   Raup, D. "Biological Extinction in Earth History." *Science* 231 (4745), 1986: 1528-33.

3   Maser, Chris. "The Economics of Extinction." 2006. http://www.chrismaser.com/extinction.htm.

灭绝一直都在发生，一般是指物种数量由于各种原因以较为稳定的速度持续减少。大规模灭绝则是指许多物种同时从地球上消失，往往是由某一特定原因所致，比如由流星引发的气候条件的突然变化。

因此，自然选择和灭绝是进化中两个非常重要的概念，它们共同解释了生物为何及如何应对不断变化的环境，以及应对失败时会发生什么。这些原则也可以用于观察非生物的发展和进步，更好地理解为何有些社会、文化制度能不断演化，始终朝气蓬勃、欣欣向荣，有些则会失去支持，乃至完全消失。

企业要如何在不断变化的环境中顽强生存下来？当变化来临时，一个常见的反应是逃避和否认，或者试图以早已过时的商业模式应对变化。在不断变化的环境中，更有效的应对方式是首先认识到我们需要生存下来，然后带着新想法找寻生存的途径。[1]

——罗伯塔·邦达尔

语言的进化

为何有些习俗、产品和社会规范能蓬勃发展，有些则完全退出了历史舞台？可以运用自然选择的模型来理解环境压力如何促成特定的变化，从而带来发展和繁荣，而无法承受这些压力的又为何会在此过程中遭受重创。

1　Bondar, Roberta. https://www.robertabondar.com/. Accessed June 8, 2019.

语言能清晰地说明环境与物种之间持续的相互作用如何引发进化：为何有些语言发展壮大、普及全球，有些则彻底消失？

在人类历史上，曾经出现过数千种用于交流的语言。有的只是一小部分人使用的地区方言，有的却传播甚广，远远超出了原先的使用环境，成为世界性语言。从某种意义上说，语言也受制于自然选择的压力，无法适应环境的就会灭绝。

法语是最成功的语言之一，由如今法国所在地区曾使用的罗曼语系演变而来。在漫长的演化历程中，法语表现出非凡的适应性，从接触到的许多不同语言中吸收了大量词汇，因此时至今日，法语仍然保留了源于斯堪的纳维亚语、高卢语、法兰克语、阿拉伯语、西班牙语和意大利语的词汇。

环境对语言的压力主要来自地缘政治变化。权力的转移导致语言使用的切换。让-伯努瓦·纳多和朱莉·巴洛在《法语的故事》一书中表示："三个主要事件将法语从一个阶段推向下一个阶段：罗马帝国的灭亡、对英格兰的征服，以及巴黎作为权力中心的兴衰。"[1] 早期的法语通过"突变"（即从其他语言中吸收词汇）来应对这些变化，因此保持了实用性，从而幸存下来。

几个世纪以来，法语的发展历经一系列成功的演化。伴随着法国的征服和入侵，法语传遍了整个欧洲，随着越来越多的人愿意说这门语言，法语

---

[1] Nadeau, Jean-Benoît, and Julie Barlow. *The Story of French*. Toronto: CNIB, 2009.

成了该地区唯一真正的通用语言。法语被用作行政语言，久而久之，"渴望权力的人都明白掌握法语的必要性"。演化过程中积累的突变逐渐传播开来，越来越多的人将法语作为母语教给子孙后代，由此实现了语言的"繁衍"。

广泛传播意味着法语从此面临的环境压力愈加复杂。为应对压力，它逐渐演化为现代法语。首先，"到12世纪，巴黎周围的作家都在有意识地消除作品中的方言，以便让更多的读者理解作品的内容"。其次，当法语成为泛欧商业用语时，对其语法、拼写和准确含义都必须加以规范，避免因歧义引发争议。最后，印刷材料的日益普及迫使法语服从规则和标准，同时力求言简意赅以节约印刷成本。

法语在不同阶段都对环境的变化做出了适应。哥特字体被罗马字体取代，法语印刷材料的传播有助于人们交流和巩固对法语的共同理解。法语使用者通过编写词典和制定语法降低学习难度，从而进一步扩大了其使用范围。"因为法语具备清晰的语法规则，所以在17和18世纪，法语被认为是比较容易掌握的一门语言。"上述这些措施都有助于降低学习门槛，而学习一门语言的难度越低，愿意尝试的人就越多。

当地缘政治发生变化，殖民主义成为许多欧洲国家的目标时，法语再次成功适应并渗透到新的生态系统中。在新的领土上，法语继续吸收当地语言的词汇，展现出强大的灵活性，因此更具实用性和吸引力。正如纳多和巴洛所述，许多法国探险家和传教士都深谙沟通是建立关系的关键，因此他们在全球各地教授法语，同时学习当地语言。在殖民主义终结时，在很多有着不同方言的地区，法语都是唯一的通用语言。

然而，法语的适应能力也绝非完美。法语虽然属于全球通用语言，但在很多方面依然深受法国文化的影响。其直接后果之一就是，某些文化偏见阻碍了法语在殖民时代的演化。"（法国）精英阶层中有相当一部分人对工业、科学、技术、货币或市场等问题丝毫不感兴趣，而这些领域显然对一个贸易帝国的发展至关重要。法兰西学术院[1]也完全忽略了科学和技术词汇，以及来自殖民地的新词汇。"法国文化的偏见限制了法语的进一步发展。如果一门语言中没有对应的词汇描述你想表达的内容，你就不会用这门语言来交流自己的想法。

法语最终克服了缺乏科技领域专业词汇的问题，为世界贡献了许多发明和创新。但重点在于语言要进化，就必须能够灵活适应变化。任何试图限制其灵活性的措施都有可能使语言失去实用性并最终灭绝。

现在，面对英语（以及普通话和西班牙语）在全球的突出地位对法语造成的竞争压力，法国正在加大努力降低法语的学习门槛。"法语词典编纂者会定期清理过时的词语。"更重要的是，全球各地都建有法语学校，许多是法语联盟[2]的成员机构，还有一些由法国政府经营，绝大多数都对所有想学法语的人开放。

---

[1] 法兰西学术院是历史悠久的学术机构，作为法兰西学院下属的五个学术院之一，主要任务是规范法国语言，保护各种艺术。——译者注

[2] 法语联盟是一个旨在传播法语及法国文化的非营利组织，以其高质量的法语课程闻名于世。——译者注

在其他法语使用者集中的地区，比如北美和非洲，法国则通过语言相关的立法和文化协会来积极推广法语。强制使用也是提高语言使用率的一种方法。

倘若你能觉察到进化正在发生的蛛丝马迹，那就说明这种进化具有一定的威胁性。你所观察到的变化可能意味着你自身的适应性不足，而物种进化的产物也很可能面目全非。语言的进化也面临类似的挑战——如果未来的法语进化到当代人已经无法理解的程度，它还能被称为法语吗？

法语所面临的一个挑战在于解决环境变化带来的各方面压力冲突。纳多和巴洛写道："一方面，有些时态被完全摒弃；另一方面，字典编纂跟不上俚语流行的速度。对此，一些人的反应是坚决捍卫语言的'纯洁性'，沿用几百年前老祖宗使用的语言，提倡自上而下的语言发展方式；另一些人则接受变化和创新，并将其视为创造力的源泉和与时俱进的方式。"从进化和自然选择的角度来看，试图"冻结"一种语言，或试图严格控制其进化历程是完全错误的应对方式，起不到防止其灭绝的效果。如果一门语言不能适应环境，那它将不再有用；如果语言失去作用，那它迟早都会灭绝。

法语的演变历程与拉丁语形成了鲜明的对比，拉丁语可能是最广为人知的一门"死语言"。至于究竟怎样才能被算作"死语言"，以及哪些语言属于这一类别，人们至今莫衷一是。按照最狭义的定义，如果这个世界上已经没有人会讲这种语言了，那便称其为"死语言"。更常见的定义是指一种已经不再有人以之作为母语的语言。

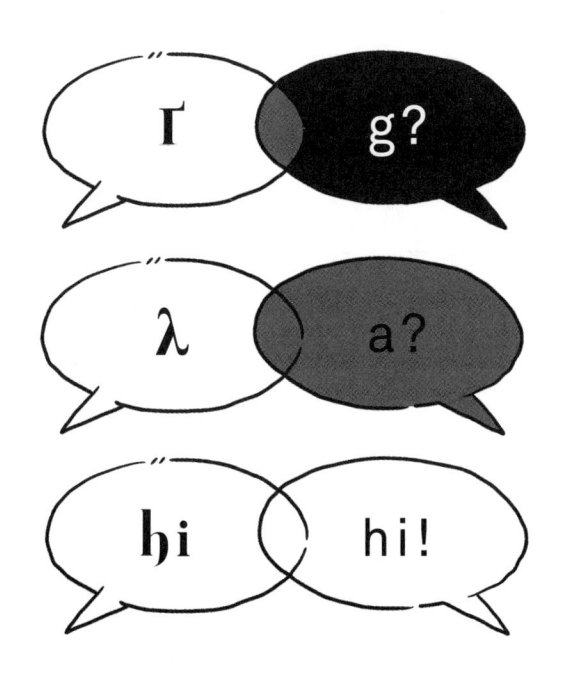

字母在进化，语言亦如此。

拉丁语起源于罗马，然后随着罗马人占领周边地区而传播到欧洲和非洲。现存最古老的书面拉丁语可以追溯到公元前 7 世纪。相传罗马建城就在那半个世纪前。在那个时代，大多数人的一生都在自己的出生地附近度过，也不必与陌生人打交道，光是在意大利就有许多小范围使用的语言，而拉丁语不过是其中一种。拉丁语最终的脱颖而出纯靠运气。普遍的估计是到公元 7 世纪时，拉丁语就已不再是任何人的母语，完全分化成了几种不同的语言。[1] 罗马帝国灭亡后，地缘政治的变化提高了法语的地位，却逐渐让拉丁语走向灭绝。

---

1 Fairbairn, Donald. *Understanding Language: A Guide for Beginning Students of Greek and Latin*. Washington, DC: Catholic University of America Press, 2011.

然而这并不意味着拉丁语已经沦落到不为人知或者无人使用的地步。拉丁语仍然是梵蒂冈的官方语言，在天主教教义中扮演着重要的角色，常被官员用于写作。拉丁语也会出现在传统的仪式性场合上，比如英国牛津大学的毕业典礼。

此外，在医学、认识论、分类学、法律等领域，有很大一部分专业术语都是拉丁语。部分原因是出于传统，部分原因是便于在这些领域以一种通用语言进行跨国交流。一些学校仍然开设拉丁语课程且不乏学习者，对研究古代文献的学者来说，掌握拉丁语很有帮助，这样就不必依赖翻译，毕竟翻译可能存在一定的主观性。基于以上这些原因，拉丁语不大可能完全消失，但它不再作为母语使用的事实已经使它被划入死语言的类别。

就像一个物种灭绝后，带有其部分特征的后代物种可能得以幸存，死语言也可能是活语言的祖先。拉丁语是曾经隶属于罗马帝国的许多国家现有语言的基础，包括意大利语、法语、葡萄牙语、罗马尼亚语和西班牙语。

不再使用拉丁语的主要原因是它太过复杂，学习拉丁语比学习由它衍生出的任何一门语言都要困难得多，因为根据语境的不同，每个单词都存在不同的变位法。语言所面临的"自然选择"会使其演化为更容易学习的形式。如果人们能够学会一门语言，并且有充分的理由去学习它，那么这样的语言就具备很好的适应性。就好比在日常交流中，我们经常使用简称或者省略音节来方便发音一样，拉丁语也逐渐演变出了一种简化版本，即"通俗拉丁语"。由于没有任何中央权威编纂和定义拉丁语的正确用法，其简化形式在曾属于罗马帝国的不同地区分化，成为一系列不同的语言。人类倾向于将能量输出最小化，因此偏爱易于使用和理解的语言。这并不意味着最简单的语言一定最受欢迎，但这确实意味着在缺乏正式的强制标准的情况下，语言会朝着更易于使用的方向演化。这就是拉丁语面临的境况之一：它本身对环境的适配程度并不高。此外，没有法律规定在特定地区必须使用拉丁语。相比之下，法语则更为规范，有着明确的语法规则。更易于学习也给了它长期生存的优势。

除了与拉丁语的结构和语法有着直接联系的语言，其他不少语言也会使用拉丁语词汇，或者由拉丁语衍生出的词汇。据估计，超过 60% 的英语单词源自拉丁语或希腊语。例如，"antique"（古董）和 "ancient"（古代的）两个单词源自 "antiqua"，意为 "旧的"。同样，法语中也有大量源自拉丁语的单词，比如 "agir"（行动）来自 "agere"（行动）；"bouteille"（瓶子）来自 "butticula"（瓶子）。因此，尽管拉丁语是一种死语言，但对许多有着数百万使用者的语言来说，拉丁语的影响力广泛且持久。

法语和拉丁语之间的鲜明对比告诉我们，语言是如何受制于自然选择的压力。语言也需要进化才能在不断变化的环境中生存下来，否则它们的使用频率就会逐步走低，最终走向灭绝。

结论

自然选择和灭绝不仅是动植物面临的问题。了解世事如何变迁，以及这些变化是如何迫使万事万物做出适应性反应的，这一点很重要。拒绝适应只会自取灭亡。

环境变化与物种对变化的反应之间存在持续的相互作用。一个物种的应对方法是否有效，唯一的评估标准就是它能否生存下来。要想了解为什么有些性状得以留存下来、为什么有些习俗会代代相传、为什么有些想法会在人们心中根深蒂固并广泛传播，就必须看看它们在自身环境中发挥的作用。

生物学

02 进化(下篇):
适应率和红皇后效应

永远越来越好。

我们需要应对的是自身所处的真实环境，而非我们希望的理想环境。生物的适应是否成功取决于其在特定环境中的表现，取决于生物面临的压力和竞争。我们不需要在客观上做到最好，只要比竞争对手更好就行。"换言之，生物只要做到必要的程度即可，不需要持续优化。"

适应既涉及有用的性状，也包括在遗传过程中所经历的变化过程。它既是名词又是动词。适应开始于在正确的时间和地点发生的恰到好处的遗传变异——"适应能在被动反应和主动预测之间达成平衡，可以有效应对各种潜在挑战，而不仅是对那些已知或预期内的挑战"。

> 适应只需达到所需的程度，不一定要追求完美。
> 适应取决于环境。
> ——海尔特·弗尔迈伊

英国桦尺蛾的故事是适应特定环境压力的典型例子。桦尺蛾的翅膀颜色通常很浅，但也有一些深色变种。在正常的环境背景下，深色桦尺蛾太过显眼，很容易被吃掉，至少一开始是这样。然而，在工业革命期间，曾经的不利性状就变成了优势。

在工业化地区，空气污染严重，煤烟铺天盖地，这时浅色的桦尺蛾反倒凸显出来，成为捕食者的目标。深色变种在黑色烟灰中更易伪装，因此能够更好地生存并产生更多后代。

当基因突变带来优势时，这种突变在种群中的发生频率就会增加。各种突变会在环境中不断被测试。有趣的是，如今由于雾霾的危害，人们加大了对污染的治理力度，深色桦尺蛾再度失去生存优势，浅色的桦尺蛾又"重现江湖"了。

无论是有机还是无机环境，生物种群都会适应其中的变化。日照减少、温度升高，或者生活在同一环境中其他生物身上发生的变化都会影响适应的过程。捕食者会适应猎物的变化，也会适应竞争对手的变化。在适应环境变化方面，"请记住，大自然的原材料有限，你能用它们做的事情也就这么多"。由此带来的一个结果是，对于不同物种的不同问题，可能解决办法都是相同的。

适应可以几乎同时在不同地方出现。比如"以狩猎和采集为生的人类曾经繁衍了一万代，但在随后短短的几千年间，粮食生产在全球蓬勃发展起来，至少在十几个地区分别发生"，这就引出了"适应"这个词的完整含义。有些基因突变带来的是直接的适应，还有些突变则引发学习行为，从而让生物在更短的时间内学会适应。

适应意味着你需要离开或被迫离开自己的舒适区，去一个全新的地方观察、体验对自身安全的威胁。
——拉菲·萨加林

1　Ungar, Peter. *Evolution's Bite: A Story of Teeth, Diet, and Human Origins.* Princeton: Princeton University Press, 2018.

找到适应的机会

谈及第二次世界大战,大多数人应该都知道法国很早就被德国占领了。纳粹在 1940 年春占领巴黎,直到 4 年后的诺曼底登陆日,盟军才得以重返法国。法国人在维希政府[1]的统治下艰难支撑到二战结束,一些人也通过小规模但强有力的抵抗来支持盟军作战。你是否思考过,为何法国沦陷得如此之快?

这个问题很有意思。毕竟,当一战以《凡尔赛和约》宣告结束时,军事力量被大大削弱的是德国,而非法国。尽管如此,法国仍然担心未来德国的入侵,于是维护了军队,在国家东部地区修建了马其诺防线作为防御工事,制定了保家卫国的战略方针,购买坦克、坚持演习,发誓不会重蹈一战的覆辙。

德国的情况则完全不同。一战后,"就连协约国也承认,德国只剩下一支更像警队而非军队的部队。在后来的几年里,德国未能兑现削减所有军队规模的承诺,增加了英国对德国的不安和怨恨。但仅凭当时拥有的 10 万陆军和 15 000 人的海军,既没有空军、坦克、装甲车,也没有重机枪、飞艇或潜艇,德国是无法发动侵略战争的"[2]。

德国的军需物资被销毁,也不被允许进口任何可用作"战争物资"的物

---

[1] 维希政府是二战期间在德国攻入法国并迫使法国投降后,由德国占领军扶持法国政府要员组建的傀儡政府,存在于 1940 年 7 月到 1945 年间。因其实际首都在法国南部小城维希,而日后的法国政府又不认可该政府合法性,故称之为维希法国、维希政权或简称维希。——译者注

[2] Macmillan, Margaret. *Paris* 1919. New York: Random House, 2001.

品。不能保留军校学员协会或退伍军人协会,"不能做任何军事性质的事情"。此外,德国还被要求向协约国支付巨额款项,以削弱其重整旗鼓的能力。当然,后来的事件表明,德国忽视了和约中的许多条款,《凡尔赛和约》被广泛批评为引发二战的导火线。不过重点在于,鉴于1939年前发生的情况,德国能成功入侵法国实在是出人意料。

战争爆发时,法军有110个师,"其中不少于65个是现役师",而德军"只有98个师,其中有36个未经训练,没有组织"。在解释1939年双方军队的技术能力时,利德尔·哈特表示:"从表面上看,法国在西线战场的优势似乎足以碾压德军。"[1] 那么,为何最后结果恰恰相反呢?

1939年的战争有了许多新的元素。环境已然改变,法国却尚未适应。他们没有经历"自然选择"的压力,自然无法为与德军的战争做好充分准备。

从某种意义上说,《凡尔赛和约》是为了维持现状。一战表明,战争已经从根本上发生变化,因此需要全新的战略思维,但欧洲领导人基本对此视而不见。在法国,人们"不理解战争的新概念,而且官方对此也表示抵制"。法国的思想落后了整整20年。他们空有现代化的设备,却"缺乏现代化的组织",也没有投入建设空中力量来支援地面部队。

对人类而言,广义的"适应"就是认识到在不断变化的环境中,过去的做

---

[1] Liddell Hart, B.H. *History of the Second World War*. New York: Putnam, 1971.

事方式已经逐渐失效,就好比突变之于进化,适应就意味着要不断创新,看看能否想出新奇的点子提高成功的概率。

20世纪30年代,法国在为一场已经打过的仗做准备。哈特写道:"法国最高统帅部依然以1918年的老眼光看待坦克,认为坦克不过是步兵的仆役,或者是装甲部队的补充侦察部队。在这种旧式思维的影响下,他们没能及时像德国一样将坦克编入装甲师。"

不过平心而论,此时的德国也不完全明白要如何在新环境中取得成功,也并不是说他们就已经打磨出最有效的适应方式。他们"还远未成为一支真正高效的现代化军队。……与此同时,德国最高统帅部认可了高速作战的新理论,虽然并不确定,但还是愿意尝试一下"。正是这种适应的意愿,即便一开始只有少数人有这种意愿,成就了他们在二战初期的胜利。

就像基因突变一样,提高适应性并不需要所有人在同一时间都能适应。在二战初期,德国最高统帅部的许多人对于进攻在战术和时机上的预测都与法国人非常相似。只有少数几个身居要职的德国人愿意尝试新的战术,其中最著名的就是古德里安将军[1]。哈特写道:"法国战役是史上最惊人的例子之一,体现出一个灵活执行者的创新理念能起到决定性作用。"

哈特认为,古德里安的行动就是持续的适应行为。"古德里安讲述了战前独立装甲部队的深度渗透战略如何激发了他的想象力,也就是用远程坦克

---

[1] 海因茨·古德里安(Heinz Guderian,1888—1954),德国将军、军事理论家。他坚持到了二战结束,最终向苏联军队投降。战后,他设法说服自己,他所在的纳粹军队打了一场"干净的仗",没有犯任何战争罪。

思考的框架 2

集群来切断敌军在大后方的主要动脉。这一理念源于一战后英国军事思想的新潮流，作为一名坦克爱好者，他深谙其蕴含的巨大潜力……当战争来临时，古德里安不顾上级的犹豫，抓住机会将理念付诸实践。"

古德里安的适应性举措让他直接摧毁了法国防线，畅通无阻地抵达了英吉利海峡。正是基于他的一系列行动，德国在一年后完成了对法国的占领。古德里安领导了德国对战争环境变化的适应性反应。就像桦尺蛾的颜色一样，这种变异只有在特定的环境中才能成功。德国对其他环境条件的适应效果并不理想，导致他们在二战中战败，将法国归还给了法国人。

红皇后万岁

红皇后效应是进化生物学中一个令人信服的原则，以童话形象生动地说明了所有生物在生存中面临的压力。

最不适应环境的物种最先被淘汰。你不能停止适应，因为周围的其他人都没停止。一旦停止，你的竞争地位就会下降，生存就会受到威胁。每种生物都在不断地寻找机会，寻找能积累优势的地方，因此，适应也是在应对与我们处于同一环境的生物的变化。保持现状往往意味着落后于人。

1973年，利·范·瓦伦在进化生物学的背景下首次使用了"红皇后效应"这一概念。他在研究中注意到：没有一个物种可以完全免于灭绝的威胁。进化是一个持续的过程，所有物种都必须不断地对环境中的压力做出反应，否则就会灭绝。更重要的是，持续适应是所有物种每时每刻都在做的事情。因此，他使用了刘易斯·卡罗尔在《爱丽丝梦游仙境》中的角色来描述这一现象。在书中，红皇后对爱丽丝说："现在，你看，你得拼命奔跑，才能保持原地不动。"[1]

在生物层面，生物不会自行选择适应。豹子不会在某天突然坐起来说："哇，羚羊真是跑得越来越快了，我得赶紧想想办法。"相反，猎物速度的提高意味着只有速度最快的捕食者才能获得食物，活到可以繁殖后代的年龄。因此，随着时间的推移，捕食者的平均速度越来越快。捕食者和猎物始终面临这样的压力，这就是红皇后效应的由来。

这个原则也同样适用于我们生活中更小的时间尺度。更重要的是，我们可以选择为此做出改变。地球上人口众多，哪怕只有 20% 的人在奋勇向前，留给其余的人的资源也不会很多。事实上，有太多的人在努力变得更好、更聪明，更多地争夺有限的资源，这就使每个人都承受了紧跟步伐的直接压力。

> 如果反馈是积极的，或者说是强化的，那么因果相接就会导致一个具有军备竞赛所有特征的失控过程。如果反馈是负向的，或者说是稳定、自我限制的，那么就像刹车一样，这种反馈会抑制变化和波动。
> ——海尔特·弗尔迈伊

---

[1] Carroll, Lewis. *Alice's Adventures in Wonderland & Through the Looking-Glass*. New York: Bantam Classic, 2006.

红皇后效应可被应用于从商业战略到人类冲突在内的一系列领域。在商业领域，红皇后效应证明了自满的危害。如上所述，该假说的提出者利·范·瓦伦观察到长寿并不能保护物种免于灭绝。无论一个物种已经存活了多久，不能适应环境变化都会使其走向灭绝。任何物种都不可能一劳永逸，"辛苦努力了一辈子，终于可以歇歇"从进化角度看来是无法实现的，因为所有物种都在不断地适应，所以压力不会消失。

从商业角度来看，你的竞争对手总是在努力争先，因此你也必须如此。客户的需求时刻都在变化，你需要察觉并予以满足。揣摩竞争对手的行为和客户的需求是企业日常的核心任务之一。

一些生物面临的红皇后效应会更加明显，比如细菌，而对蟑螂等生物来说，竞争压力就没那么大，更强的灵活性和学习能力可能会缓冲红皇后效应对个体的冲击。总的来说，将这一原则应用于商业可以推动建设一个有着无限创新能力的环境。

红皇后效应可以应用的另一个主要领域是人类冲突。就像在军备竞赛中，双方投入大量资源就是为了超越对方，最终的资源消耗成本是巨大的，但两方都没有从中获得任何优势。军备竞赛体现了使用红皇后效应作为模型的局限性。在某些情况下，即在有利的适应性变化终有尽头的情况下，最好多关注所在环境中不断变化的部分，而不是拼命想着赢得竞赛，不惜在此过程中削弱自身整体的适应能力。将个体或物种的生存置于险境的行为有悖适应的目标，也不符合红皇后效应的原则。

人类面临的一个问题是，来自彼此的压力并不是孤立的，往往需要以更复杂的方式加以应对。我们不仅想跑得比羚羊更快，还试图在很多维度上持续完善，因此常常觉得自己一无是处，最后要么精疲力竭，要么索性放弃。

然而，与速度和速率的概念类似，"适应的速率快并不等同于适应的有效性强……关键不在于适应的速率，而在于适应能帮你解决什么问题，以及敌人的适应会带来什么问题"。

首先，适应的核心在于其实用性。所谓实用，就是在生活中用得上，能帮你提高在生活中取得成功的能力，改善你的处境。此外，适应也必然意味着权衡。在某一方面适应性的提高往往意味着在其他方面适应性的降低。人类的大脑很大，其中一个好处是让人类拥有了杰出的问题解决能力。在各种各样哪怕从没经历过的情况下，我们也能找到生存的办法。其代价就在于，这么大的大脑意味着婴儿的身体无法在母亲子宫内完全发育，所以婴儿在出生后的很多年里依然十分脆弱。

适应还受到另一个限制，那就是生物必须在适应过程的所有阶段都能继续生长发育。对人类而言，这就意味着但凡损害了身心健康的都不算适应。相反，你是在削弱自己成功应对环境变化的能力。

适应是指在你的环境中取得成功，所以定义成功便显得尤为重要。对动物来说，这意味着要活得足够长，能将自身的基因遗传下去，有些物种还要确保孩子安全度过早期的脆弱阶段。尤其是哺乳动物，不仅要孕育后代，还需要教会它们如何成功地驾驭环境。

但在生物学之外,并不存在哪个对成功的定义能获得所有人的认可。有的人认为成功意味着获得权力和地位,有的人觉得是要拥有选择的自由,还有的人则看重精神上的启迪与平静。不过,成功的一个基本元素是利益。成功时一定会有所得。任何事情只要有损你取得成功的能力,都不被这个模型支持。拼命奔跑以保持原地不动并不是"996"的委婉说法,它不该成为你忙着加班不顾孩子的理由,也不应作为忽视身体或心理需求的借口。

> 没有一项创新在诞生之初便是完美无缺的,因此犯错是产生变异的前提。
> ——海尔特·弗尔迈伊

不要重新发明轮子,改造即可

在你的世界里本就有很多机会。你不需要从零开始适应。在进化生物学中,利用已有的事物有时被称为"扩展适应"(exaptation)。

1982 年,斯蒂芬·杰·古尔德和伊丽莎白·弗尔巴首次提出了"扩展适应"[1]一词,表明一种特征当前的使用方式并不一定能解释其历史起源。换句话说,仅仅因为特征 A 被物种 C 用于目的 B,并不一定意味着物种 C 进化出 A 就是为了 B,也有可能 B 是在物种进化出了 A 之后才学会做的事情。

---

[1] Gould, Stephen Jay and Vrba, Elisabeth S. "Exaptation-A Missing Term in the Science of Form." *Paleobiology*, Vol. 8, No. 1 (Winter, 1982), pp. 4-15.

退化结构

在岁月的长河里，自然选择以难以察觉的速度缓慢发生，这意味着有时我们可以看到它的轨迹。认为生物的构成完美无缺、能精准适应环境是一种误解。我们可以在退化结构中看到自然选择的痕迹，见证它缓慢而不完美的历程。退化结构是指存在于一个物种或其部分成员身上，但不再具有任何功能或价值的特征。它既可能只存在于胚胎阶段，也可能是永久性的。这些特征在过去曾经起到过助力物种生存的重要作用。

例如，不会飞的鸟类，比如鸵鸟，通常长着小而无用的翅膀，这是它们过去飞行使用的翅膀留下的残余物。人类在面对压力或恐惧时会起鸡皮疙瘩，这也是一种退化反应，源自我们的祖先在遇到猛兽时会竖起毛发以显得自身更加壮硕。有些蛇以及鲸鱼还保留着有脚时期骨盆的残余物。骨盆残余物的存在与否是给蛇分类的一种方式。猪有着离地的无用脚趾。疟原虫的单细胞内含有叶绿体的残余物。尽管鼹鼠没有视力，但其皮毛下仍然隐藏着已经退化的眼睛。

那么，为什么退化结构没有完全消失呢？这一切都可归结为自然选择。生物的性状只有在对其生存概率产生影响的情况下，才会被自然选择判定为有利或不利。如果一个退化结构无功无过，那就没有理由让它消失。看恐怖电影时起鸡皮疙瘩并不至于降低个体繁殖的概率，也不会消耗太多能量以致对人构成障碍。因此，除非是随机突变消除了这种反应，或者鸡皮疙瘩对人产生了危害，否则它在相当长的一段时间内还会继续存在。

即便退化结构真的消失了，那也是在几代人的时间里渐次发生的。在某一时刻，这些结构对于自然选择不再重要，甚至在某些情况下，进一步缩小或消除一个退化结构，要比以残余物的形式继续存在危害更大，它也就因此保留了下来。要使它们完全消失，可能需要生物的整体结构发生变化，而这种改变并不可行，或者还没有重要到需要自然选择"出马"。科学家一直都有新的发现，有时一个看似无用的特征其实也有用处，只是我们还未发现罢了。退化结构有助于了解进化，确定不同物种是否有共同的祖先。

坚持不懈就是成功。
——海尔特·弗尔迈伊

Moore, Janice, and Randy Moore. Evolution 101. Westport, CT: Greenwood, 2007.

Coyne, Jerry A. Why Evolution Is True. New York, NY: Penguin Books, 2010.

例如，尽管今天的大多数鸟类都需要借助羽毛实现飞行，但如果说羽毛就是专门为了飞行这一功能而长出的，那就大错特错了。事实上，羽毛最初出现在恐龙身上是为了保温或者求偶，而不是飞行。自然选择倾向于长有羽毛的恐龙，因为有利于它们的生存和繁衍。羽毛首先是为了提供热量和吸引力，后来正如现代鸟类这样，羽毛也能帮助实现飞行。这个结构的出现使得飞行这一功能成为可能，但并不是为了实现飞行而出现的，只是为了支持这一新的功能被加以改造。这就是扩展适应。

扩展适应在动物界还有其他许多例子，所有例子都表明扩展适应有利于生存，因为可以在生物应对不断变化的环境条件时提供更多选择。大熊猫有一根腕骨叫作放射状籽骨，让它们得以轻松抓住竹子——大熊猫的主要食物。大多数哺乳动物和爬行动物都有这块骨头，只是它们不吃竹子，也不用这块骨头辅助进食。它们都有这块骨头，但只有大熊猫真正需要。一旦环境对其他物种施加了某种压力，要求它们适应，改变饮食习惯，那么这块骨头就能派上用场，作为扩展适应帮它们生存下来。

> **自主性的提高使得器官可以承担专门的新功能。**
> ——海尔特·弗尔迈伊

换言之，为实现特定功能而出现的结构，比如蝙蝠的回声定位，就属于适应，而那些功能与一开始不同的结构，比如鸟类的羽毛，就是扩展适应。适应与扩展适应之间的区别并不总是泾渭分明，因此本书将二者并作一个模型。通过这一模型，我们可以学习如何改造以利用已有的技能和知识。

自动演奏钢琴的意外演变

大约 1 200 年前,在伊拉克巴格达住着兄弟三人——穆罕默德、艾哈迈德和哈桑,三兄弟合称班努·穆萨。他们是学者,写了许多数学、天文学等主题的书,其中最引人入胜的作品是《奇器之书》,它汇集了各式各样的机器,包括自动调光灯、自动长笛演奏器,以及可编程机器。[1] 可编程机器指的就是"自动演奏的乐器",水力风琴经过精心设计可以在固定气缸上小零件的触发下演奏音符。因此,人并不直接与机器接触,而是通过对气缸下指令给机器"编程"。

在《奇妙乐园:游戏如何创造现代世界》一书中,史蒂文·约翰逊通过音乐盒、机械玩具和自动演奏钢琴追溯了班努·穆萨发明的音乐机器技术,展示了在娱乐中产生的创新是如何为跳频技术奠定基础的,而跳频技术对如今这个以手机、蓝牙和 Wi-Fi 为特征的无线时代至关重要。[2]

技术是如何实现这一飞跃的?

1940 年,北大西洋海战正进行得如火如荼。德国潜艇经常击沉船只,造成军队和平民的大量伤亡。好莱坞女演员海蒂·拉玛[3] 和作曲家乔治·安

1　FSTC. "The Mechanics of Banu Musa in the Light of Modern System and Control Engineering." http://www.muslimheritage.com/article/mechanics-of-banu-musa.

2　Johnson, Steven. *Wonderland: How Play Made the Modern World*. USA: Random House, 2016.

3　海蒂·拉玛(Hedy Lamarr,1914—2000),奥地利裔美国女演员、发明家。拉玛的演技和美貌掩盖了她在其他方面的才华,她与乔治·安塞尔合作发明的技术为如今的蓝牙和某些形式的 Wi-Fi 奠定了基础。她还在战时帮助筹款,也是电影制作人。

塞尔[1]打算联手做点儿有意义的事,他们的目标是发明一种遥控鱼雷来攻击德国潜艇。[2]其主要困难在于用于控制鱼雷的载波频率十分脆弱,使用某个固定频率很容易被发现、被干扰。他们需要找到一种办法,让远程控制器和鱼雷同步"跳变频率",这样就很难被发现,盟军便可以不受干扰地发射鱼雷。

面对挑战,人们会从哪里寻找灵感?通常是从已经理解的概念和手头已有的材料开始。这就是扩展适应的本质。

拉玛和安塞尔面临着实现同步跳频的挑战。安塞尔搜寻了自己目前的知识储备,意识到以前也曾面对类似的挑战:在其音乐作品《机械芭蕾》中,他曾试图同步多架自动钢琴的演奏。"这就是安塞尔的经验与拉玛的发明形成互补的地方……他提出了一个控制系统,频率指令被编码在两个穿孔的带子上。钢琴卷帘上的洞代表一个音符,而带子上的每个洞就代表频率变化。"

基于一个目的而发明或学习的东西,可以用于另一个完全不同的目的。"近千年来,在人类共同的工具箱中,我们一直具备这一元工具——可编程性,但我们却只知道用它演奏音乐。"不过接下来我们终于扩展了这个工具的用途,开始为织布机、鱼雷和计算机编程。在我们今天使用的所有功能中,可编程性已经变得不可或缺。几乎可以肯定,这绝非班努·穆萨发明这个奇巧装置的初衷。

---

[1] 乔治·安塞尔(George Antheil, 1900—1959),美国作曲家、音乐家、发明家和作家。他是一位多才多艺的音乐家,为电影和电视节目配乐,同时也是一位多产的作家。安塞尔的音乐与众不同,经常引起争议。

[2] Rhodes, Richard. *Hedy's Folly*. New York: Doubleday, 2011.

> 发明几乎从来不是孤立存在的，它们需要依靠与其他发明的相互补充，或者被赋予它们最初的发明者未曾考虑过的新用途。
> ——史蒂文·约翰逊

计划外的创新

进化中所说的扩展适应并不一定要从当前的适应性特征（已经有明确用途的特征）中产生新的用途，也可以从没有任何特定用途的事物发展而来，这在技术上也有类似的情况。有时人们仅仅是为了发明而发明，内心并没有为其想好一个明确的社会用途或商业模式。全球专利的数量远远超过我们日常使用产品的数量。有时，那些孤立的发明能为完全意料之外的创新提供基础。

扩展适应教会我们，我们并不总是在一开始就明白某个事物的价值，也不是做每件事都需要充分的理由。

> 我们不能忘记，在镭被发现时，没人知道它日后会被用于医疗领域。发现镭的工作纯粹是为了科学研究。这证明了科学工作不应从直接用途的角度出发，而应为了科学本身，为了科学之美，在此过程中总会有一项科学发现会像镭一样最终造福全人类。[1]
> ——玛丽·居里

---

[1] Curie, Marie. *Lecture at Vassar College*. Poughkeepsie, New York (14 May 1921).

有时候，一开始没有明显用处的事物会在后来派上用场。如果一定要了解清楚每件事的好处才愿意着手，那你将错过很多机会。没人拥有水晶球，你无法预测随着全球环境的变化，有哪些东西是必需或者有用的。

商业产品的历史充满了扩展适应的例子。1957 年，阿尔弗雷德·菲尔丁和马克·卡文尼尔发明了气泡膜，他们将两条浴帘缝在一起，把气泡封在里面。有什么明显的用处吗？没有。他们一开始想把它当作墙纸卖，但没有人买。接着他们又尝试将其营销成温室的隔热材料，依然以失败告终。最后，他们把产品推销给了 IBM（美国国际商用机器公司），用于在运输过程中保护新的商用计算机。这种用法迅速普及开来，随后产品便发展成了我们今天使用的包装气泡膜。

时间和地点对于扩展适应也很重要。在一个国家完美的用法，换到另一个国家可能就变得毫无意义；在一个时间点失败的某种产品，也许换个时间推出便能大获成功。20 世纪 70 年代，各种稀奇古怪的墙纸和塑料服装风靡一时，如果他们在此时尝试将泡沫包装作为墙纸进行营销，说不定就能取得成功。扩展适应的关键在于环境。倘若鸟类没有面临飞行的环境压力，羽毛或许仍然只是一种隔热方式，或者会进化成其他功能。

另一个例子是培乐多橡皮泥。在煤炭是家庭主要燃料的年代，它作为墙纸清洁器存在了 20 年。烧煤会使墙壁发黑，这种橡皮泥便被用来去除墙壁

1　Burke, Monte. "Wrap Star." *Forbes*. April 28, 2006.

上的煤灰。但后来，煤炭被基于电力或天然气的供暖系统取代，人们也就不再需要橡皮泥来清洁墙壁。由克莱奥·麦克维克和他的兄弟诺亚开发的培乐多橡皮泥一下子跌入谷底，失去了未来。但麦克维克的小姨子是一名小学教师，一直在课堂上使用培乐多作为手工材料。她认为可以把橡皮泥作为儿童玩具销售，并且说服麦克维克去做个市场调研。橡皮泥好玩且无毒无害，如果密封保存得当，还可以重复使用一段时间。在当时最火的儿童节目《袋鼠队长》中，麦克维克获得了最佳广告位，培乐多橡皮泥的销量暴增，成为有史以来最受欢迎的儿童产品之一。[1]

还有一个故事有关肉毒杆菌毒素，它"是引起肉毒杆菌中毒的细菌自然产生的副产品，而肉毒杆菌中毒是一种可能致命的麻痹性疾病，由食用受污染的腌制食品引起"[2]。这种细菌可能已经存在很长时间，导致很多人丧生。直到19世纪，引起肉毒杆菌中毒的厌氧细菌才被分离、识别出来。

20世纪70年代，肉毒杆菌毒素被用于治疗眼部疾病，包括无法控制的眨眼和斜视。20世纪80年代，"它被眼科医生和神经学家广泛应用于治疗面部、眼睑和肢体痉挛"。1987年，眼科医生让·卡拉瑟斯无意中发现了肉毒杆菌毒素在美容方面的用途，当时一位病人提到眼部治疗让她的面部很放松。又过了几年时间，肉毒杆菌毒素才进入大众视野，最终成为广泛使用的美容产品。

---

1 Winner, Tara. "The History of Play-Doh: Good, Clean Fun." *The Strong National Museum of Play.* November 3, 2016.

2 Berkowitz, Dana. *Botox Nation.* New York: NYU press, 2017.

因此，扩展适应的本质在于灵活性。因为无法确切知晓未来会面临怎样的压力，所以我们需要的是一箱多样化的工具，可以以几乎无限种方式使用和组合，以应对我们面临的挑战。其中一些工具也许永远不会派上用场，而有些将彻底改变行业格局，只是没有人能提前就此做出预测。企业的存亡往往取决于它能否快速应变。如果每次在环境压力迫使你发展和创新时，你都只能从零开始，那就做不到快速应变。

扩展适应还告诉我们，作为个体，我们绝不能低估手头拥有的选择。我们时常陷入"功能固着"，过于局限于物体的常规功能，无法看到其他创新用途。叉子不一定只是把食物放进嘴里的工具，也可以变成钩子、大头针或者梳子。它还可以与其他家居用品结合使用，实现更多的用途。俗话说："在你所处的位置，用你所拥有的，做你能做的。"事实上，心理学家用来衡量创造力的一项测试就是让受试者尽可能多地想出像砖头这样的日常物品的用途。一个人能想到的扩展适应品类越多，就越有创造力。

我们积累的知识、吸取的教训，在任何时候都可以帮助我们在所处的环境中开辟新的道路。这个概念最精彩的部分就在于它发生在两个层面：一是有意识的层面，你可以环顾四周，看看自己拥有的东西，积极寻找可以重新利用的事物；二是无意识的层面，就像鸟类并不会说"嘿，也许我可以用羽毛来飞行"，而是在意外的情况下，羽毛影响了它们的行为。同样，在任何情况下，我们可以利用的知识和技能越多，就越能以不同的方式探索世界。

结论

适应及其对应的扩展适应是连续过程中的一环。为一个功能做出的适应可以用于另一个功能,而扩展适应也能通过自适应过程进一步得到完善。当你寻找方法将既有知识应用到新的环境中时,也要明白这些知识可以并仍然会在你所处的环境中继续更新。

骄傲自满乃败亡之道。通常,我们相对于他人越强大,就越不愿改变。我们认为实力是当下的直接优势,不愿减损分毫。然而,让你生存下来的不是实力,而是适应能力。实力会导致僵化。最终,你的竞争对手一定会赶超你,或者找到创新的方法来抵消你的优势。真正的成功来自灵活应变,放下过去的方法,专注于未来发展所需的技能。

配套理念一
竞争

竞争是生物界的驱动力。所有生物都在努力求得生存并尽可能多地繁殖后代，因此必须互相争夺有限的资源，比如食物、地位、领土和配偶。这既可能发生在物种之间，也可能存在于同一物种的不同个体之间。对资源的争夺是一场零和游戏。[1] 某个个体得到的越多，其他个体得到的就越少，所以竞争天然就对输家不利。如果一个物种不能获得它所需的资源，那就会灭绝。资源的数量决定了竞争的类型和激烈程度。资源越稀缺，竞争就越激烈。

种内竞争指物种内部的成员争夺同一资源。例如，雄性斑马会为了争夺雌性配偶而进行恶斗。因为传递基因的本能太过强烈，败者可能会在斗争中死去。雄性斑马也会杀死对手的后代。种间竞争发生在物种之间，如果它们生活在同一个地区，又需要同样的资源，那就会被迫互相竞争。森林里的树木竞相长得更高，以获得最多的阳光。所有物种都在持续参与这两种竞争。

二者之间的区别并不那么明显。一个物种所做的一切都会影响到同一生态系统中的其他物种。竞争可能是直接的，也可能是间接的。如果生物必须积极地相互争夺资源，那就是直接竞争；如果没有直接的对抗冲突，那就是间接竞争。

理解竞争是理解其他生物学思维模型的前提。竞争是自然界如此丰富多彩的原因所在。正如达尔文所言，一切都是为了生存。能够争取生存和繁衍所需资源的物种就是成功的。竞争的类型和激烈程度取决于资源的数量。一个地区内的资源越稀缺，生物就必须投入越激烈的竞争。而当资源较为丰富时，竞争可能就不那么激烈，这通常会导致物种大量繁殖，直到其数量达到个体间被迫竞争的水平。[2]

竞争不仅发生在生物学范畴内，也是许多人类体系背后的驱动力。竞争的好处是能倒逼进步。竞争是商业中的一个重要概念，企业都在不断争夺市场份额。这个过程对消费者有利，因为它迫使企业尽可能提供物美价廉的商品。我们反对垄断，因为当某家公司主导整个市场，消费者别无选择时，支配地位会被滥用，也会造成发展的停滞。

1
Colman, Andrew M. *Game Theory and Its Applications in the Social and Biological Sciences*. Road Hove, UK: Psychology Press, 2017.

2
Keddy, Paul A. *Competition*. Dordrecht: Kluwer Academic, 2001.

生物学

03　生态系统

―――
一切都是彼此关联的。

生物学中的生态系统是指由生物群落及其生存环境共同组成的统一整体。从土壤类型到阳光或水资源的数量,所有因素共同决定了生态系统的特征。有些动物互相合作,有些相互竞争,任何组成部分的变化都会影响到不同物种的适应性和整个系统的健康发展。

通过学习生态系统,你可以深入了解不同组成部分如何在既定环境中相互作用,最终维持了系统的运转。个别物种或许有得有失,系统本身也会面临挑战,必须加以适应并从中恢复,但已经发展起来的相互作用网络可以确保系统的整体功能不受影响。

互联的网络

理解生态系统的关键就在"系统"二字。不同组成部分并不是孤立存在的,会以无数方式相互作用、相互联系。如果我们进行干预,结果将无法预测。我们需要将生态系统作为一个整体来看待,也要认识到有时不去干预、顺其自然的效果会更好。但我们经常受到干预偏见的影响,总想做点儿什么,而不是任其自由发展。我们忘记了,如果我们大胆放手,系统已经进化到可以良好地自行运转的程度。

例如,在容易发生森林火灾的地区,消防部门可能会试图尽快扑灭每一场火灾,无论规模大小。问题是起火也是生态系统的自然组成部分,只有人类认为自然发生的火灾是个问题。森林火灾虽然具有破坏性,但也自有其生态效益。烧死的植物会将所含营养物质释放回土壤,给下一代植物提供肥料。野火烧过植物生长最为茂密的区域，让阳光得以照射到新的区域。[1]火灾还能消灭外来物种和患病植物。[2]

也许最重要的是，定期的小火可以烧掉不断累积的植物物质。如果人类过早介入，将其扑灭，大量的燃料就会堆积起来，最终引发的大火超出生态系统所能承受的程度。通常，我们越努力控制生态系统，自然的反击就越猛烈。[3]

类似地，在拯救濒危物种时，我们往往侧重于干预，而非保护它们赖以生存的自然生态系统。以大象为例，目前的普遍看法是非洲象还不至于濒临灭绝，但也十分脆弱，如果目前它们遭遇的偷猎和栖息地破坏得不到有效遏制，那么非洲象可能会在短短几年内就走向灭绝。[4] 亚洲象则已被列为极度濒危物种。[5]

我们能为大象做的就是保护好它们的栖息地，让它们自然地生活和繁衍。但目前，拯救濒危大象的重点大都放在圈养繁殖计划上，尤其是人工授精。这种方法固然有效[6]，而且比其他圈养繁殖方法更安全，但给大象做人工授精其实是我们未能认识和支持生态系统价值的一个典型案例，其效果

1　　Thiessen, Mark. 2019. "Wildfires." *National Geographic*. August 9, 2019.

2　　"Fire Ecology." *Pacific Biodiversity Institute*. Accessed August 13, 2019.

3　　Asher, Claire. 2016. "Earth—Why We Should Let Raging Wildfires Burn." BBC. July 25, 2016.

4　　"Status Check for African Elephants." NRDC. October 3, 2018.

5　　"Asian Elephants." WWF. Accessed August 13, 2019.

6　　Thongtip, Nikorn, Sittidet Mahasawangkul, Chatchote Thitaram, et al. "Successful Artificial Insemination in the Asian Elephant (Elephas Maximus) Using Chilled and Frozen-Thawed Semen." *Reproductive Biology and Endocrinology* (1) 2009.

和性价比[1]远远不及用同等的资金来保护大象的栖息地。[2]此外，人工授精只会产生更多被圈养的大象，它们被剥夺了漫步的空间和原本群居时享受的社会关系。圈养幼象的死亡率远远高于野生幼象，而且有相当数量的大象会因活动空间有限而患病甚至死亡。[3]

生态系统不仅关乎不同的组成部分，有时我们过于专注于重塑和改进生态系统，忘记了它们具有自我组织的能力。

经济系统当然是很复杂的结构，其中的互动模式类似于一张网络，这意味着在一次互动中占据主导地位的一方很可能在另一次互动中处于次要地位。因此，控制力就在整个生态系统中扩散开来，通常从能量需求高的个体扩散到能量需求低的个体。无论个体拥有多大的影响力、是否占据主导地位，适应或者至少迎合权力结构的能力仍然是所有个体取得成功的关键。
——海尔特·弗尔迈伊

生态系统不限大小，岩石中孤立的水坑有自己的生态系统，海洋也有。物质和能量在生态系统中迁移，动物迁徙，花粉四处飘散，水可以将各种物种或物质运往其他系统。很少有生态系统是完全封闭的，物种的长途迁徙

1　Handwerk, Brian. "How Many People Does It Take to Impregnate an Elephant?" *National Geographic Society*. National Geographic Society Newsroom. December 14, 2017.

2　Scigliano, Eric. *Love, War and Circuses: the Age Old Relationship between Elephants and Humans*. London: Bloomsbury, 2004.

3　Berens, Michael J. "Elephants Are Dying out in America's Zoos." The *Seattle Times*. The Seattle Times Company. December 1, 2012.

将不同的生态系统联系起来。

生态系统内的生物对维护系统具有不同程度的重要性。有些是系统存在的基础，被称为基石物种。要是它们不存在，生态系统将完全改变甚至坍塌。没了这些物种，可能具有破坏性的新生物就会占据其原本所处的生态位。"基石物种"这个名字是由动物学家罗伯特·佩因提出的，他将重要物种比作建筑中用于拱门顶部以确保结构稳定性的拱顶石。没了拱顶石，拱门就会坍塌。石头虽小，责任却大。基石物种可能很难识别，因为要么数量稀少，要么毫不起眼。只有当一种生物的数量下降引发一系列连锁反应时，我们才能确定它属于基石物种。

基石物种通常是捕食者（捕食其他较小生物的生物），因为它们在维持猎物数量方面起着至关重要的作用。与猎物相比，捕食者的数量往往相对较少。此外，食草动物（以植物为食的生物）对维持某些植物的数量水平也很重要，从而使栖息地处于对其他生物有利的状态。有些物种之间存在互惠的关系，其中一个物种的灭绝或数量下降会有损另一个物种，其影响会逐渐波及生态系统的其余部分。因此总的来说，基石物种的价值取决于它们为其他物种提供生存所需的物质或控制种群数量的能力。

生活在海藻林中的海獭就属于基石物种。海獭吃海胆，而海胆吃海藻。如果生态系统中的海獭足够多，就可以避免海胆的数量过多；没有海獭，所有海藻都会被吃掉，这最终也会导致海胆的死亡。此外，海藻能从大气中吸收二氧化碳，造福整个自然环境和其他物种。没有海獭，生态系统就无法维持下去。在同一栖息地，没有其他捕食者能占据海獭所在的生态位。一旦海獭出现数量骤降，就可能会对全球气候变化产生重大影响。[1]

最后要说的是，生态系统不是静态的。随着系统适应干扰并从干扰中恢复，其内部也在不断发生动态变化。有些生态系统很强健，有些比较脆弱，还有些抗性很强，有着强烈的保持平衡状态的趋势。只有极大的干扰才能影响到这些抗性很强的系统。抗性的反面是敏感性，描述的是那些只需非常微弱的干扰便能对其产生深远影响的系统。

同样可测量的指标还包括系统的复原力，即系统在受到干扰后从中恢复的速度。因此，最好从多个维度来衡量生态系统。具有高复原力的敏感系统与难以恢复的高抗性系统其实难分伯仲。

这就体现出了生态系统作为思维模型的价值所在。其与人类组织的相似之处显而易见。我们的家庭单位、工作团队可以作为独立的系统运作，但同时也从属于城市或组织的更大的生态系统，人们可以轻松跨越不同系统，在"流动"的同时给生态系统带来变化和挑战。

随着时间的推移，封闭系统产生的创新越来越少，因为顾名思义，封闭系统以某些不可动摇的基本原则为基础。[2]
——加里·哈特

1　Lasnier, Guy. "UCSC Study Shows How Urchin-Loving Otters Can Help Fight Global Warming." *UC Santa Cruz News*. September 12, 2012.
2　Hart, Gary. "Foreword." In Sagarin, Rafe. *Learning from the Octopus*. New York: Basic Books, 2012.

最低量法则

最低量法则指出作物的产量总是取决于那些处于最小量状态的必需营养素。无论其他必需营养素有多丰富，只要缺乏其中一种营养素，就必定会限制作物的生长。如果这种营养素的含量增加，那么另一种含量次低的营养素便会成为限制因素。我们可以把它想象成一个有洞的木桶，水会从洞里流出来，所以木桶永远无法装满水。缺少的那种营养素就是桶上的洞。

该法则由植物学家卡罗尔·斯普雷涅尔于19世纪20年代提出。生物化学家尤斯图斯·冯·李比希随后推广了这个概念。对农民来说这是一个重要概念。当某种肥料的价格上涨时，一些农民会倾向于少用这种肥料，而改用其他更便宜的肥料。但这会阻碍作物的生长，因为其他营养素的增加并不能弥补缺失的那种营养素。

重要的不一定是已经拥有的，稀缺的事物也可能至关重要。我们在自己的生活中也能明白这一点。如果你为了拥有更多时间而熬夜，那么疲劳就会取代时间成为你工作效率的限制因素。

制造业中的瓶颈也与此类似，制造流程的速度取决于最慢的那个环节。同样，

在数学中，乘以零就类似于最低量法则：在乘法计算的最后乘上一个零，此前的数字不管多高都会清零。

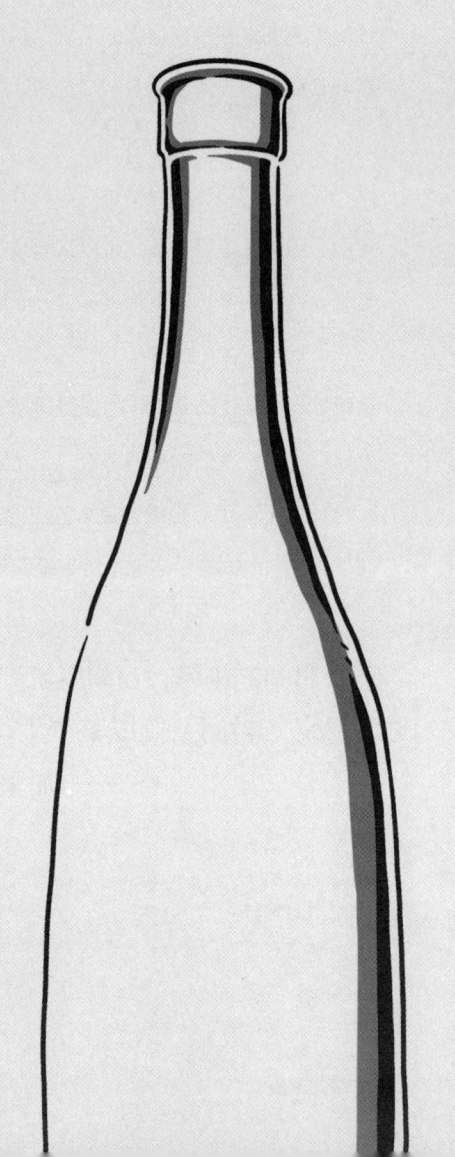

贸易生态系统

通过研究 16 世纪中国与西班牙之间的白银贸易，可以一窥生态系统的许多微妙之处，体现出系统的组织和基础设施有其局限性，而在内部发力可以助力实现更多目标。

第一个教训来自中国试图维持封闭贸易体系所造成的后果。由于种种原因，在很长一段时间内，清政府奉行闭关锁国政策，不愿与其他国家进行贸易。由于担心权力被削弱，或者认为国家可以自给自足，清政府禁止了一切对外贸易。

然而，他国与中国的贸易并没有停止，只不过换了一种方式。没有政策、海关、关税或官方基础设施意味着贸易的主要参与者是走私者和海盗。欧洲商人知道中国是当时世界上最大的经济体，因此蕴含着大量的经济机遇。[1] 一旦他们找到方法打通中国的贸易路径，欧洲人就成了生态的一部分。中国的某些个人和团体也相应做出了适应，将欧洲人提供的机会融入贸易生态系统。

欧洲人引入的商品造成了混乱，为下层人士创造了与传统社会上层竞争的机会。其结果是形成了一个庞大的犯罪网络，很快就威胁到了政府的权力，这也成为政府废除海禁政策、在一定程度上开放商业的一个促成因素。

---

[1] Mann, Charles C. *1493*. New York: Vintage Books, 2011.

关于生态系统的第二个教训来自中国开放贸易后发生的一切。首先补充一点背景，改变贸易政策的另一个原因是政府需要货币。传统的货币，无论是铜币还是纸币，都因为政府重政治形象、轻经济意识的短视政策而变得毫无用处。当这些欧洲船只驶来的时候，中国人都在用随身携带的小银币和银块购买商品。问题是中国当时开采的银矿已经枯竭，没有办法在需要时向系统中注入新的货币。经济体系没有了生产新货币的原材料，就好比一片森林没了阳光的照射。那些运有开采自美洲的成吨白银的西班牙船只正是中国政府所需要的。

贸易政策的变化可以被比作影响生态系统的环境变化——一种新的入侵物种，或者降雨量的持续变化。广泛影响环境的变化将不可避免地导致赢家和输家的产生。一些物种会进行适应，占据新的领地，或者创造新的生态位，另一些物种则会因为无法应对挑战而相继死去。在中国，有许多个人和团体进行了适应，充分利用了贸易政策不断修订所形成的不稳定因素。这些适应反过来又迫使其他非直接贸易方适应由此产生的新业务，及它们对劳动力和土地的需求。

成千上万英亩的土地被种上桑树用来养蚕，生丝的产量数以吨计。既然中国有了海外市场，其他对于生态系统变化的适应便随之而来。

中国历史学家全汉昇考证，随着清朝人对客户的不断熟悉，他们获得了西班牙服饰和室内装饰物的样品，在中国制作出了欧洲最流行的货物的完美仿制品。运上大帆船的货物包括长筒袜、半身裙、床单、红衣主教穿的法衣、风情女子穿的紧身胸衣、地毯、挂毯和日本和服、面纱、头巾和珠缀、真丝薄纱、真丝塔夫绸、真丝绉布、真丝锦缎。

查尔斯·曼恩在《1493》一书中描绘了白银贸易给中国带来的变化。据他描述，中国人开始生产各种各样的商品销往欧洲市场。无论中国人要价多少，都比欧洲自己制造的商品实惠，而且中国愿意为白银付出的代价比其他任何国家都要高。

清政府没有很好地适应不断变化的经济生态，他们无法合理引导由此产生的商业繁荣，从而避免通货膨胀。而白银本身就是一把双刃剑，它能为国家项目提供资金，但"也对清朝构成了政治威胁，因为政府既不能控制贸易，也无法控制贸易的源头"。"大量白银涌入中国，导致其价格最终下跌"，引发政府财政收入的重大损失。当生态系统发生变化时，随着物种之间相互作用的改变，新物种可能成为主导和基石。白银极大地改变了经济生态系统，使得中国各群体之间的权力关系逐渐演变。

有关生态系统的第三个教训来自在中国清政府贸易政策变化中成长起来的一个迷你生态系统——菲律宾马尼拉一个非常有韧性的华人社群。这个社群始建于海禁时期，建立的初衷大概是为了能有一个真正进行贸易的地方。这个群体不断发展壮大，在贸易政策改变时又进一步扩张。正如曼恩所述，在马尼拉的欧洲飞地，华人居民的数量远远超过了西班牙人。西班牙人一直对这个华人社群深感不安，既不理解它、看不起它，又很依赖它。华人能以更低的价格生产出比欧洲自己生产或进口的更好的商品，但他们终究是数量庞大的外国人，西班牙人始终保持着戒备心。西班牙人就好比是马尼拉生态系统中罕见的组成部分,他们没有意识到更常见的组成部分——华人——所提供的价值。

没有证据表明旅菲华人有任何驱逐西班牙人的阴谋,这在经济上毫无道理可言,但也许一个世纪的征服史使得西班牙人总是以侵略的恶意揣度华人的所有行动。不管出于何种原因,西班牙人实行了限制措施,引起了华人的反抗,于是以此作为屠杀华人的借口。

然而,马尼拉的生态系统非常坚韧。丰富的中国商品和大量的华人在这个生态系统中始终扮演着不可替代的角色,这就是韧性的来源。尽管西班牙人对马尼拉的华人进行了总计 7 次大屠杀,但贸易和华人街镇总是一次次死而复生。

新居民迁来,更多货物得到交换。对西班牙人和华人来说,无论是个人还是政府层面,贸易的价值创造了一个能屡屡在重大事件发生后实现反弹的"系统",这个社群总能得到源源不断的原材料和人力输送。这个经济基础设施富有价值、效率和吸引力,它让货物流通起来,使很多人赚了钱,让少数人富裕起来。这种贸易也促进了清政府(通过他们利用白银实现的基础设施建设)和西班牙政府(通过对利润丰厚的海外贸易的控制)的权力投射。所以,尽管有大屠杀定期发生,这个系统已经进化到具有高度的复原力。

> 物种的多样性赋予了生态系统长期存在的可能。
> ——拉菲·萨加林

打造一支完美橄榄球队的新方法

从生态系统中学到的经验教训可以应用到我们的组织中。毕竟，任何一家企业都依赖于一个相互作用和影响的网络，其中包括在不同领域工作的员工、客户、竞争对手、监管部门和政府，以及全球环境的趋势和变化。那么，我们要如何将系统思维的价值融入业务发展呢？不妨看看美式橄榄球的例子。

1979 年，比尔·沃尔什[1] 成了美国国家橄榄球联盟里最差球队的总经理和主教练。到 1989 年，他已经创立了一个缔造冠军的王朝。这一成就要归功于一个根本因素：他在旧金山 49 人队的组织中创造了一种文化，一个运转良好的生态系统可以提供巨大的价值。正如迈克·隆巴迪在《橄榄球天才》一书中所述："简而言之，沃尔什接管了一支没有高顺位选秀权、没有四分卫、没有希望的球队，但 3 年后，这支球队却在超级碗中夺冠。成功的秘诀就是遵循被沃尔什称为'表现标准'的方法：以一个精确的计划构建和维护一支完美橄榄球队背后的文化和组织基因。"[2]

沃尔什认识到，一支橄榄球队的文化是决定一支球队能否持续努力直到赢得冠军的终极因素。当沃尔什接管 49 人队并开始组织重建时，他"所依赖的前提是……团队架构的所有组成部分必须凝结成一个统一的整体，全部指向同一个方向，产生统一的能量，相互依存、相辅相成，所有人不论

---

[1] 比尔·沃尔什（Bill Walsh, 1931—2007），美式橄榄球教练。沃尔什在辛辛那提猛虎队任职期间发展了西海岸进攻体系，在他担任旧金山 49 人队主教练期间又继续发展和完善了这种战术，取得很大成功。这一体系从此改变了职业橄榄球，并继续影响着比赛的方式。

[2] Lombardi, Michael. *Gridiron Genius*. New York: Crown Archetype, 2018.

职位高低，只为建立一支伟大球队的目标而奋斗"[1]。

在一个生态系统中，所有物种都有自己的角色。在非洲大草原上，大象和狮子可能最受游客的关注，但它们的生存取决于其貌不扬的甲虫和猴面包树。沃尔什认为："每个人都有自己的角色，每个角色都不可或缺。"沃尔什把这一理念作为49人队文化的基石，试图证明赢得橄榄球比赛的前提是具备一个运作良好的体系；每个人都知道自己需要做什么，应该做出怎样的贡献，这对成功至关重要。目标是让整个球队赢得比赛，不是教练，也不是个别球员。沃尔什表示："在团结合作时，关键因素是所有成员都对彼此有所期待，不仅是教练对球员期望很高，事实上，球员对彼此的期望也很高。"

物种会迁徙，球员被交易。沃尔什决心建立一种团队文化，不仅能够生存延续下来，还能积极应对不可避免的变化。在《寻找制胜优势》一书中，他写道："一个组织的结构必须具有灵活性和适应性，以应对意想不到的障碍、危机或发展。"[2] 一个系统越强大、越有韧性，就越容易适应和恢复。因此对沃尔什来说，一支成功的球队无关超级球星或特定的进攻阵型，而是关乎建立一种能够灵活有效应对不断变化的环境压力的文化。

沃尔什也明白，他的文化生态系统并不封闭。发生于球场外球员的个人生活也可能会影响对球队文化的维系。因此，他丰富了文化的内涵，纳入了

[1] Harris, David. *The Genius*. New York: Random House, 2008.
[2] Walsh, Bill, with Brian Billick and James Peterson. *Finding the Winning Edge*. Champaign, IL: Sports Publishing Inc., 1998.

有力举措，防止生态系统遭受重大干扰以至于无法恢复。其中一项是针对球员的"生活技能计划"，包含"四个主要目标，都旨在帮助球员为成年生活做好准备"。还有一个继续教育项目、一个保密的个人和家庭咨询项目、一个保密的药物咨询项目和一个财务咨询项目。正如戴维·哈里斯在《天才》一书中所言："大多数教练只是采用一种一刀切的方法，但比尔明白不同的人有不同的需求。50 个人的激励方式都不尽相同。比尔付出了额外的努力来了解每个球员的性格，以及他们各自的驱动力。"

在搜寻人才时，沃尔什表示："不要只是说他不能做这、不能做那，要找出每个球员可能做出的贡献，找出接纳他的理由，而不仅是拒绝他的理由。"也许某个球员能做出的贡献并非当时的 49 人队所需，但沃尔什似乎意识到，球队要达到最佳表现就需要广泛的技能和专长，因此，在寻找人才时保持开放的心态显得尤为重要。

生态系统的另一个有趣特性是，即使环境极其相似，不同的生物组成也会产生不同的系统。苏丹的沙漠与澳大利亚的沙漠在外观和运转上并不相同，这个概念或许可以解释为何遵循相同系统的团队却不一定能产生相同的结果。正如迈克·隆巴迪所述："许多人试图模仿沃尔什的战术，聘请他以前的助手和同事，或者其他参与过这一战术的人。他们认为，只要雇个人运用相同的战术，就足以复制沃尔什的成功。"他们中的大多数人都以失败告终。这是为什么呢？根本在于系统的成分很重要。

最后，对于所有复杂的系统，比如生态系统，相互作用的结果并不总是可预测的。因此，团队文化并不能确保球队胜利。49 人队并不是每次都能赢得超级碗。夺冠所涉及的因素错综复杂，无法精确识别和调整每个因素。不过沃尔什的系统的确胜过其他系统。他率领49人队在10年间3次在超级碗中夺冠，在整个联盟中堪称成就非凡。

结论

没有什么事物是孤立存在的，万事万物息息相关。从生态系统的角度来看，任何一个物种的行为都会对同一环境中的其他物种产生影响。许多系统可以自我管理，具备纠正和补偿变化及外部压力的能力。我们需要花点儿时间了解一下自己所在系统的组成部分是如何相互关联的，这样才能理解我们的行为将如何影响这些关联，最终影响我们目标的实现。

生活在网络中的现实

任何一个外部因素只要过量都可能将一个系统置于死地。将适宜人类生存的温度范围与太阳系中所有可能的温度范围相比较,你会发现光照、空气质量等外部因素的重大变化都会破坏生态系统的稳定。商业亦是如此,外部稳定对于整体的成功十分重要。即使无法控制外部因素,你也必须密切关注它们。要拥有客户,你需要一大批具备购买力的消费群体;要经营一间办公室,你需要一个稳定的经济环境和税收制度;要拥有员工,你需要一个强大的教育体系以教授你要求员工具备的技能,以及一个良好的城市架构,让员工能凭借你提供的收入过上满意的生活。如果我们热爱自己所处的系统,也必须尽己所能去影响维持系统运行所需的外部因素。

生物学

04　生态位 / 利基市场

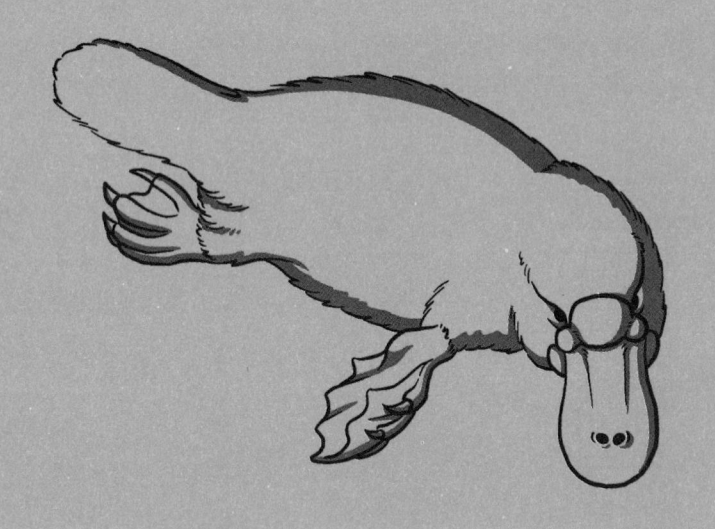

找到合适的搭配。

在生物界，一些物种被归为"通才"，它们覆盖的地域广，面对更多的竞争，但能够灵活满足自己的需求；其他物种则被称为"专才"，它们占据的地域小，面对的竞争较少，但需求更固定。两者都有各自的弱点，没有谁比谁更好，但知道自己属于哪种类型可以帮助你制定持续生存的策略。

一个物种的生态位是指它在所处的生态系统中扮演的角色。生态系统中的每个物种都有一个生态位，一个物种的生态位包含影响其生存和繁衍能力的一切因素。例如，它所需要的水和阳光的数量、它能忍受的温度范围，以及它所需要的生存空间，这些都是生态位的一部分，统称为"非生物因素"，意为生态系统中的非生物环境因素。

通才生物占据着大规模的生态位。它们可以在各种地方生存，因为通常能以不同食物为生，还能忍受不同的环境条件。这往往意味着它们可以保护自己免受不同捕食者的侵害，能够忍受或炎热或寒冷，或潮湿或干燥的环境，也能以各种各样的肉类、植物等为食。因此，通才不会因环境条件快速变化而受到很大影响，其种群数量庞大且稳定。蟑螂、老鼠、浣熊和人类都属于通才生物。

通才生物可以在任何环境中生存和发展，但专才生物往往很难适应栖息地的变化。无法应对环境变化的物种有三个选择：迁徙、死亡或改变。
——彼得·昂格尔

相较之下，专才生物在生态系统中扮演着非常独特的角色。例如，它们只能在特定的地方生存，或者只能吃特定的食物；它们更容易灭绝。因此，专才生物很难维持庞大的种群规模，因为随着时间的推移，土地条件变化、食物等资源减少实属稀松平常。然而，在像热带雨林这样环境条件稳定的地方，专才生物有着独特的优势，因为它们的竞争对手往往较少，而大多数通才必须相互竞争。

专才生物在稳定的环境条件下表现良好的另一个原因是，其拥有的机制不仅能让它们在特定的环境中生存，而且能发展壮大。例如，一些动物可以吃对其他动物来说有毒的食物：虎纹蝾螈已经发展出一种独特的能力，能找到没有鱼的池塘，且只在这些池塘里繁殖，这样它们的幼体就不会被吃掉。这意味着它们会在符合自身特殊需求的环境中茁壮成长，但在无法满足需求的环境中就很难生存。其他例子还包括以桉树叶为生的树袋熊，以及濒危物种大熊猫。大熊猫之所以成为濒危物种，部分原因就在于其以竹子为主的特殊饮食习惯，使它无法适应不断变化的环境条件。

群居动物允许群体内部进行劳动分工，比如有成员专门负责防御。人类从物种层面来看属于通才，但作为个体，我们有很强的专业化属性。

> 要是赌注不大，通才的方法是合适的，
> 但当赌注很大，即竞争中对表现的标准很高时，
> 往往就必须增加专业化程度。
> ——海尔特·弗尔迈伊

竞争排斥原理

竞争排斥原理，也称高斯原理，指的是两个需要相同资源维持生存的物种不可能在同一生态位发生完全竞争。格奥尔基·弗朗茨维奇·高斯于1934年首次发现这一原理，当时他发现需要相同资源的两种细菌无法在培养皿中共存。一个物种将变得越来越专业化，需要的资源会逐渐变得不同于另一个物种，由此找到自己独特的生态位。这就是所谓的"资源分割"。否则，第二个物种的微弱优势将会变得越来越显著，直到足以消灭第一个物种。例如，如果在同一地区有两种食肉动物捕食相同的猎物，其中一种总是更具优势，比如速度更快或伪装得更好，使它得以超过竞争对手，那处于劣势的物种将不得不转而寻找其他食物来源，否则就会面临灭绝。

竞争排斥原理解释了为什么生态系统中有着如此多样化的生物。尽管它们生活在同一片地区，但每种生物都占据着自己独有的生态位，具有与众不同的特征。自然选择只允许最适者生存。适应性不仅指一个生物种群对环境的绝对适应程度，也指它与竞争对手比较而言的相对适应程度。

例如，红松鼠曾经是英国唯一的松鼠物种，在针叶林和落叶林中生存繁衍了大约一万年之久。19世纪70年代，灰松鼠被引入英国。由于灰松鼠和红松鼠占据的是相同的生态位，又生活在相同的地区，吃同样的食物，它们无法共存。如今，红松鼠已经在英国的许多地区销声匿迹，目前主要存在于没有灰松鼠的地方，比如岛屿上。据估计，红松鼠和灰松鼠的种群数量大约分别为14万只和250万只。[1] 灰松鼠的数量优势意味着它们会先吃掉结出的榭果，占据合适的居所。它们还携带有一种对红松鼠致命的病毒。[2] 灰松鼠有更强大的消化系统，可以从食物中获得更多的能量。尽管采取了广泛的保护措施，红松鼠仍有可能在几年内走向灭绝。

[1]
"Red Squirrels." The Wildlife Trusts. Accessed August 13, 2019.

[2]
Keating, Helen. "Red Squirrel Facts." The Woodland Trust. November 1, 2018.

生存和兴旺

与这一模式非常契合的一个应用领域就是发明。如果一项发明适用于所有人,如灯泡或者电话,其在本质上就是开疆拓土的通才。过去环境中的专才无法快速跟上步伐,因为它们没有能力轻松适应新环境。但是一旦新环境开放竞争,其他通才就会接踵而至。你需要在它们抵达之前尽可能锁定自己能守住的大片领地,这片领地必须包含你生存和繁衍所需的一切。如果成功,它就会成为你的基地,成为你得以继续成长并与其他通才较量的地方。

相比之下,专才发明注重迎合较小的利基市场[1]。这样做的好处是,一旦占据这个市场,你就很难被取代。你的发明可以完全填补这个生态位,充分满足细分市场的需求,因此其他人都没有动力去投资开发替代产品。你的增长空间有限,但只要环境保持稳定,只要你的发明仍然有市场需求,你面对的竞争就会比通才少得多。一个专业化的例子是知音镲片。知音公司(Zildjian)自1623年成立以来,已经成为伟大音乐和打鼓艺术的代名词,对专业鼓手来说,知音的镲片无可替代。其产品针对的专业群体数量少之又少,因此没有公司有动力去与知音展开竞争。如果你想卖镲片,最好是面向更大的目标群体,比如音乐老师,甚至是那些爱听音乐、想在周末玩架子鼓的人。

通才每天都面对更激烈的竞争,生存和繁衍是一场持久战。所以对它们

---

[1] 利基市场(niche market)指高度专门化的需求市场,其中 niche 也表示生态位。——译者注

而言，压力是生存的一部分，生存就意味着竞争——争夺领地、食物和配偶。这也反映在大型通才公司的发展情况上：它们要不断争夺市场份额，通过提供更新、更好的产品和并购其他公司发展壮大，保有领先于不断变化的市场的条件。

专才面对的日常竞争则要少得多，没人想要它们的领地，就像虎纹蝶鳉用于繁殖的没有鱼类的池塘；也没人想要它们的食物，比如熊猫的主食——没有营养、咬起来嘎吱作响的竹子。它们日常的压力更小，可一旦环境出现变化，压力就会爆发。无法适应就意味着死亡，在物种层面上，这意味着灭绝。当没人再需要你的产品时，比如书架上的百科全书，你就彻底束手无策了。你的利基市场从此便消失了。

大多数人可能都不知道，通过电话线发送图像的传真机诞生于19世纪40年代。我们往往认为它是一项失败的技术，只在20世纪80年代初短暂流行过。但事实并非如此，人类在刚刚可以通过电话线发送信息时，就探索了所有能够发送的信息类型。早期的一个例子是图像，传真机存活了150多年，部分原因是它能找到一个又一个利基市场，占据了少数几个虽小却有力的领域，以传输图像的能力改变了这些领域的格局。它是怎么做到的呢？

首先，传真用户起初并不存在。如果你从来没有能力发送图像，如果你甚至不知道存在传输图像的可能，那也就不太可能会对它念念不忘。因此，传真技术的开发人员锁定并搜寻了小规模的潜在用户，以此创造了一个市场。吸引互不相干的小规模群体，是近百年来这项技术面临的主要挑战之一。这项技术的最大受益者会是哪个群体？似乎一直也没有清晰的答案。正如乔纳森·库珀史密斯在《传真》一书中所述："尽管发明家付出了不可估量的努力，也得到了国家政府层面的一些支持，但开发传真技术的推动力从未相应产生显著的市场需求拉动。"[1]

此外，传真的生态位是一个受保护的环境。"对传真来说，这种保护既是制度层面的，也是技术层面的……受保护的环境让一种脆弱而昂贵的技术得以生存。"传真开发人员刻意寻求竞争较少的市场，"传真能在此获得更多的资源（包括愿意支付高价的用户）和支持，使其有机会成熟和发展"。

传真需要一个专门的利基市场，因为它无法与早期的通才——电报——竞争。电报"具有使用方便、成本低廉、传输干扰少、基础设施发达的巨大优势，而且用户已经将标准电报纳入他们的业务流程"。

传真的第一个利基市场是报纸，通过创造一种只有传真照片才能满足的期待，传真进一步巩固了这个利基市场。"从数字上看，传真在严格意义上不过是一项微不足道的技术。1940 年，全世界仅有不到 1 000 台发射机和接收机。但其影响力无法完全靠数字来体现，因为它使报纸能够给最新消息配上最新的照片，从视觉上转变了新闻，加强了照片对于报纸的作用。"一旦公众接触过新闻照片，他们就再也不能接受没有照片的报纸了。

---

[1] Coopersmith, Jonathan. *Faxed: The Rise and Fall of the Fax Machine*. Baltimore: Johns Hopkins University Press, 2016.

这可能是一个很小的利基市场，但在当时，只有传真才能填补这个市场的空白。

传真一直存在并不断发展，因为它与一些利基市场非常适配。军方是另一个早期的消费者，其需求进一步推动了技术的开发。任何需要图像的、需要准确信息的人都对传真很感兴趣。这两点军方恰恰都需要。从天气图到直接命令，通过直接复制图像，传真确保了只要技术和必要的基础设施运行良好，就不会在传输和转化中损失信息。

专注于利基市场也有一个缺陷——不同制造商生产的机器完全不兼容，因为他们竞争的是同一批小众客户群。"实际上，这种故意的不兼容使得市场碎片化，吓跑了担心选错系统的潜在用户。"在商业领域，传真最初是用作办公室内部的工具，不需要与其他组织的传真机兼容。在传真成为20世纪八九十年代的通才之前，这种兼容性和标准的缺位终于得到解决。"从20世纪80年代初开始，管制日益放松、兼容性提高、成本迅速下降、技术快速变革，这一切共同创造了新机器、新应用和新服务的蓬勃发展。"最终，传真在利基市场中生存了下来。

就有线通信而言，电报和电话相继成为环境中的通才。它们的低成本和便捷性使得传真难以望其项背。正是通过对利基市场的识别和营销，传真才得以幸存，直到条件发生变化，技术进步和公众关注使它作为通才又蓬勃发展了一段时间。

> 自然选择的潜在形式是有限的，
> 其结果就是趋同进化。[1]
> ——乔治·麦吉

趋同

在生物学中，趋同是指生物进化出类似性状的过程，而这些性状在生物最近的共同祖先中并不存在。换言之，彼此亲缘关系甚远的物种在寻求生存的过程中会为同样的问题找到同样的解决方案。这种情况会出现在不同的无亲缘物种占据具备相同特征和限制的生态位时，例如，两个物种都生活在高海拔、缺水的地区，或者都生活在树木茂密、潮湿的地区，但在不同的大陆上。

我们把通过趋同发展出来的性状称为"同功结构"或"同塑性"（又称非同源相似性）。同塑性包括体型、器官、行为、斑纹、智力类型、社会结构、发声、繁殖习惯等。虽然不可能完全相同，但它们具有相同的形式或目的。趋同很有趣，因为它告诉我们，生物学确实包含一定程度的预设，进化不是一个完全随机的过程。某些特征和行为屡屡出现，原因很简单：它们是在具有某些特征的环境中谋求生存的最佳方式。[2]

以飞行为例，鸟类、蝙蝠及部分恐龙和昆虫都进化出了这种能力，这些物

---

[1] McGhee, George R. *Convergent Evolution: Limited Forms Most Beautiful.* Cambridge, Mass: MIT Press, 2011.

[2] Stayton, C. Tristan. "What Does Convergent Evolution Mean? The Interpretation of Convergence and Its Implications in the Search for Limits to Evolution." *Interface Focus* 5 (6) 2015.

种彼此间没有亲缘关系，却在相隔数千万年的时间点都进化出了翅膀作为移动方式。鸟类和蝙蝠的翅膀最初都是用于陆地运动的肢体，至今仍留有指骨的痕迹。看看蝙蝠翅膀上的骨头，你会发现它的结构与你自己的手颇有几分相似，只是被拉长成了翅膀的样子。不同生物的翅膀当然也有明显的差异，蝙蝠的翅膀由覆盖在骨头上的薄皮肤构成，鸟类的翅膀则覆盖着羽毛。蝙蝠和鸟类趋同的原因十分简单，在两种生物所处的生态位，飞行能力都关系到物种的生死存亡。而实现一个功能的潜在方法又是有限的。

一个更普遍的例子是眼睛的进化，除了生活在地下或海底深处的动物，大多数动物都有眼睛，这对我们来说似乎是理所当然的。事实上，如此多毫无亲缘的物种却进化出了外观、功能相同的器官，这实在非同小可。鱿鱼和蜘蛛的眼睛结构相似；人类和章鱼的眼睛也别无二致，尽管二者最近的共同祖先要追溯到 5.5 亿年前，还只有一个基本的眼点。另一种"看"的方式是回声定位，进化出这一功能的物种也都没有亲缘关系：鲸目动物、蝙蝠、鼩鼱、马岛猬、部分鸟类，可能还有刺猬。显然，这些是在特定类型的生物生态位所能具备的最佳性状。

由于趋同，我们可以通过观察一个生态位的特点来猜测什么样的生物会占据它。例如，如果科学家发现了一种新的产蜜植物，那就可以预测一定存在一种专门以它为食的昆虫，哪怕这种昆虫尚未被发现。如果有一个锁眼，那么肯定有把钥匙能插进去。在流行文化中，外星生物通常被描绘得

1　Morris, Simon Conway. 2006. "Evolutionary Convergence." Cell.com. October 10, 2006.

奇形怪状，与地球上的生物大不相同。但趋同进化表明，情况可能并非如此，其他生命形式可能已经进化到与地球上的生命大抵相同。

人类在某种程度上是环境压力的产物。每个人在一生中都占据着不同的生态位，我们必须使自己适应这些位置。总的来说，同样的压力和同样的动机似乎会产生同样的结果。如果你把一个亚马逊部落的孩子与一个加拿大富裕家庭的孩子进行交换，他长大后会与其他加拿大孩子有很大不同吗？可能不会。虽然有些特征可能是与生俱来的，但他也必须适应自己所在的生态系统。

趋同解释了为什么在历史上，毫无文化交流的人们也会制造类似的工具，讲述类似的故事，组织类似的社会结构，烹饪类似的食物，并且通常会为问题找到类似的解决办法。约翰·托马斯·奥斯蒙德·柯克在《科学与确定性》一书中把生物性状比作数学概念，因为二者似乎都超越了我们对其的定义，一次又一次地出现在我们周围，就好像它们是宇宙的法则。[1]

重要的是要明白，是环境造就了生物。在觉得他人的行为令人不齿时，比如看到一名贪官挪用了援助资金，或者种族大屠杀时邻里反目，我们会轻易认为自己绝不会做出同样的事情。但如果将我们置于同样的处境，行为方式很可能也大致相同。我们如果着眼于塑造一个人的环境，而非仅仅考虑最终结果，那就会更容易产生同理心。可以说，虽然不愿承认，但其实

---

1 Kirk, John T.O. *Science & Certainty* Collingwood, Australia: CSIRO Publishing, 2007.

我们的行为要比想象中更容易预测。

我们不认为相同问题往往有相同的解决办法，而这正是趋同教会我们的。因为我们总觉得自己遇到的问题很特殊，常常忽略了在同等情况下适用于其他人的解决方案。然而，就像蝙蝠和鸟类找到了类似的方法实现飞行一样，对他人有效的方法往往也适用于我们自己。

定义通才

通才每天都要面对更多的竞争，但它们的适应能力更强，它们保持着庞大的种群数量，占据着广阔的生态位。在消费品领域，可口可乐利用广告成为全世界最成功的通才之一。可口可乐在大多数地理和社会经济市场上的传播和竞争能力都要归功于它的广告营销。

可口可乐最初是一种药用滋补品，但其最初的广告宣传偏离了这一初衷，将产品定位为一种用于"放松和享受"的饮料。[1] 进入 20 世纪，可口可乐打造了一种属于上流社会的高雅形象，不过并没有让产品显得高不可攀、不接地气。可口可乐是第一批先卖理念再卖产品的成功案例之一。任何人都可以通过购买合适的品牌产品，比如一杯 5 美分的可乐，加入上流社会。

可口可乐利用漂亮模特、名人代言和巨额广告经费——仅 1909 年一年就

---

[1] Blanding, Michael. The Coke Machine. New York: Avery/Penguin, 2010.

高达 75 万美元，相当于今天的 1 800 多万美元——让消费者相信，他们买的不仅是一杯饮料，而是一种生活方式。"到 20 世纪 20 年代，可口可乐已经成了全美最知名的软饮料品牌。"他们的广告创造了一个参与感极强的品牌形象：喝可口可乐是为了过上更好的生活。

在《可口可乐内幕》一书中，迈克尔·布兰丁表示："随着可口可乐的影响力越来越大，人们的生活方式转而开始模仿广告：电影画面中有它，音乐歌词中也有它。"因此，可口可乐成了生活中随处可见的一部分。它就在那儿，无处不在。

基于此，可口可乐作为一个通才大获成功。它在不同的环境中幸存下来，因为可以吸引到各种各样的消费者。购买可乐不限阶级、不限种族，每个人都能享受可口可乐所代表的那种生活方式。其他品牌过去倾向于根据阶级、性别、地理位置等进行营销，而可口可乐只是把自己推销给了大众。这可以说是该公司最伟大的创新。

20 世纪 20 年代，可口可乐打出了其首个令人难忘的广告语，后续这样的案例还有很多。当时最流行的一条是"the pause that refreshes"（享受清新一刻），将可乐定位为"对现实的片刻逃离"。这也是一个通才的方法，因为每个人都想要也都需要从每天快节奏的生活中抽离片刻，有谁会不想要享受清新一刻呢？在大萧条时期，可口可乐的广告语变得格外有吸引力，销量在此期间也一路飙升，喝可乐成了对现实暂时的逃避。"打开瓶盖就能享受更好的生活。"

二战帮助可口可乐实现了国际化,其在世界各地都兴建了装瓶厂,好让美国士兵无论在哪儿都能轻松喝到可乐,喝到家乡的味道。在时代变迁时,通才更容易适应,战时的可口可乐就是如此。这家公司利用士兵的思乡之情和产品的国际化,发起了新一轮的广告宣传活动,将可口可乐与美国的繁荣联系起来。针对士兵的宣传提醒他们究竟为何而战,而在战火纷飞的国际市场上,可口可乐则让外国人得以一窥美式奢侈生活。

在可口可乐面对其最主要的竞争对手百事可乐时,"前者将自己定位为面向所有人的产品,从士农工商到社会名流,无所不包;后者却只针对年轻的中产阶级家庭"。百事可乐试图在可口可乐广阔的市场中分得一杯羹,占据一小块利基市场。

久而久之,从圣诞老人到北极熊,每个人都在喝可口可乐。1963 年,可口可乐的广告预算在全美排名第一,每年在广告和目标消费者研究上花费 5 300 万美元。"受到来自百事可乐的挑战后,可口可乐加倍努力,将产品与几乎所有东西联系在一起。"

大约就在此时,可口可乐创造了多年来第一条成功的广告语"things go better with coke"(心旷神怡,万事胜意)。至于"万事"是什么事并不重要——可口可乐能引发你的一切联想,无论是爱情还是儿时的友谊。这是留给消费者自己来填补的空白。广告不再大谈特谈可口可乐的味道或成分,这都不重要。在如此广阔的地域,可口可乐必须适应不同的环境压力。这种灵活性才是它成功的关键,品牌的整体形象可以适应任何给定的情况。

"新可乐"[1]的失败让可口可乐意识到在任何环境中都能生存和发展的能力的重要性。"在双盲测试中胜出的两款苏打汽水并不受消费者的欢迎，他们更倾向于选择品牌形象让他们感觉更舒服的那一款。"在饮料界做一个通才无关口味。人们对可口可乐的依恋不是因为饮料本身，而是出于对过往美好时光的怀念。可口可乐的可塑性是它能征服如此广泛人群的原因所在。

结论

生态系统由不同生态位组成，我们可以把生态位看作有待填补的角色。专才（占据较小的生态位）和通才（占据较大的生态位）各有利弊，需要权衡取舍。专才面对的竞争和承受的压力较小，但仅限于稳定时期；通才每天都面临着更大的资源和生存挑战，但在时代变迁时拥有更强的灵活性。

---

[1] 新可乐（New Coke）是可口可乐公司推出的可乐新品种，也是可口可乐公司一次失败的营销活动（1985—1986年）。——译者注

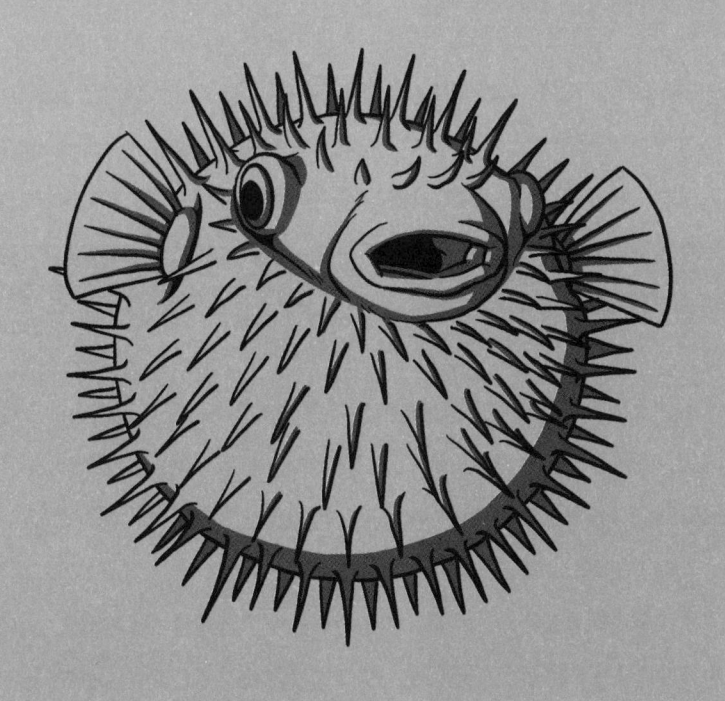

生物学

05 自我保护

———
活下来,是为了活得更好。

疼痛=糟糕

自我保护或者说生存本能是所有生物体为了保护自己免受伤害而拥有的与生俱来的行为。这种本能是基础，也很实用，支配着我们的许多行为。

"活下来"和"活得好"是人类的两大生物性动机。我们都想过上最好的生活，然而，每个人对这种驱动力的反应在人群之间和人群内部都不尽相同。何为美好的人生，并没有统一的定义。有时，这些本能会促使我们拒绝现状，从而带来新的机会；有时，它也会阻碍我们进步，使我们无法充分发挥自己的潜力。了解如何管理你的自我保护本能可以帮助你真正明白如何激励自己和他人。

以条件反射为例，条件反射是身体对外界刺激做出的无意识的自动反应。例如，如果把手放在滚烫的炉子上，在"烫"的信息传入大脑之前，条件反射就会让你马上把手拿开，这一反应可以保护身体免受严重的烫伤。另一个例子是眨眼，当灰尘或虫子接近眼部时，眼睑会自动闭合，而不需要主动收缩任何肌肉来合上眼睛。这些简单的例子表明自我保护是与生俱来的天性。求生的条件反射越灵敏，生存的概率就越大，所以这些自我保护系统在进化过程中很容易被选择。

一种更复杂的自我保护本能是人类及其他哺乳动物的战斗－逃跑－僵住反应。在人类面临迫在眉睫的危险时，这种机制就会随着交感神经系统的调动而启动。其结果是体内血糖水平急剧升高，血管收缩，心率加快，血液从非重要器官流向心脏和骨骼肌。这些反应可以帮助哺乳动物最有效地应对危急情况。

有时，一个群体的生存需要部分成员做出牺牲。有些物种的生存取决于繁衍过程中的牺牲，这被称为"亲缘选择"，是一种涉及种群而非个体或个别家族的自然选择形式。许多物种之所以能存活至今，是因为个体已经进化出完全无私的行为。如果一种行为对整个种群有利，哪怕对个体有些不利影响，它也很可能会被选择。

与人类母亲一样，许多动物都愿意竭尽全力保护它们的后代，从而确保整个物种绵延不绝。有些甚至不惜牺牲自己的性命，比如黑色花边蜘蛛会让孩子吃掉自己。一些动物，如非洲象、斑马和海狮，会成群结队地共同保护集体中的幼崽。虎鲸和海豚在幼崽出生后为了照顾和保护它们，整整一个月都不睡觉。其他动物，包括北极熊和企鹅，可能会为了后代一连几个月都不进食。如果群体中的其他成员需要帮忙照顾孩子，土拨鼠会推迟自己的繁殖。

工蜂甚至完全不进行繁殖，这样它们就可以全身心地照顾蜂后的孩子——如果它们不这样做，其他蜜蜂也会毁掉它们产下的卵。[1] 一旦工蜂上了年纪，无法继续觅食，其他蜜蜂要么会杀死它们，要么会不让它们进入蜂巢，从而活活饿死。在成功传递基因之后，雄蜂会在交配过程中死去。无法交配的雄蜂同样会被其他蜜蜂杀死，以免蜂群在它们身上浪费食物资

---

[1] Stromberg, Joseph. "Video: A Drone Mates With a Queen Bee in Glorious Slow-Motion." Smithsonian. com. Smithsonian Institution. September 11, 2013.

源。这些行为对个体有害，却对蜂群有益。[1]

从自然选择的角度来看，这很符合逻辑，因为能确保自己物种基因的延续。即使在兽群之中，保护其他个体的后代也是有意义的，因为这个种群中的动物可能至少是自己的远亲，甚至是直系亲属。由此产生了选择利他基因而非自私基因的长期影响。

还有动物会牺牲自己的生命来保护同伴。一种叫作爆炸平头蚁的蚂蚁会在受到捕食者的威胁时自爆，牺牲个体的性命，通过在此过程中释放有毒物质拯救整个群体。蜜蜂和部分白蚁也有类似行为，都是通过自我毁灭来攻击捕食者。[2] 贝尔丁地松鼠在发现捕食者时会发出警报，但也会因此暴露自己，增大自己被捕食的风险。

为什么这些生物会有这种自动的反应？求生的欲望似乎与生俱来，但它存在于那些大脑皮层远不及人类发达的生物体中。这些普遍存在的本能之所以存在，是因为生物存活的时间越长，把基因遗传下去的概率就越大，而这正是进化的终极要义。

不过，人类也有能力超越自己的生存本能。有时我们的处境并不危险，就像坐过山车一样。我们会告诉自己这绝对安全，这样恐惧的生理反应就会被视为一种刺激。然而有时，我们超越本能是因为情况需要，我们会主动

---

[1] Judson, Olivia. "The Selfless Gene." The *Atlantic*. Atlantic Media Company. October 1, 2007.

[2] Fox, Killian. "Self-Destructive Species: From Exploding Ants to Postnatal Octopuses." The *Guardian*. Guardian News and Media. April 29, 2018.

将自己置于长期的压力之下。所以自我保护的本能非常复杂。生物学上的动机是要确保自己的生存,若要以牺牲自己基因的延续为代价,那人类就算有能力超越自己的生存本能,也不会这么做。

自我保护不仅仅意味着生存

乍一看,自我保护似乎相当直白。在街上偶遇形迹可疑之人,你会悄悄跑开;面对恶霸,你会奋力反击;当老板在一天内第 14 次对你大喊大叫,你会僵住,无力做任何其他事情。在自认为有一定胜算时,我们会选择战斗或逃跑;而当压力积累到一定程度,以至于我们无法正常运转时,僵化模式就会启动,我们希望借此保住仅存的一点儿生命力。求生欲深深植根于我们的行为反应之中。

那么,我们该如何理解那些为了一项事业冒着生命危险的人呢?是什么促使一个人为了一个可能而非必然的未来,置当下的生存于不顾?

在 20 世纪 70 年代的尼加拉瓜革命中,希奥孔达·贝利[1]似乎并没有明显的加入理由。她已婚,有两个年幼的女儿。她本人来自一个中上层阶级家庭,虽然索摩查的独裁统治笼罩了尼加拉瓜 40 年之久,但她始终过着体面的生活。然而,她对祖国饱受的压迫、腐败和贫穷深感不满,积极寻求政治和社会变革,认为加入桑地诺领导的革命组织是实现这一目标的最佳

---

[1] 希奥孔达·贝利(Gioconda Belli, 1948—),尼加拉瓜作家、诗人和活动家。在 20 岁出头时,贝利就加入了桑地诺民族解放阵线,一个旨在推翻现有独裁统治的社会主义政党。自那以后,她就将大部分时间投入效忠该组织,因而多次被迫背井离乡。贝利还出版了许多女性主义书籍和诗歌,并因其诗歌多次获奖。

领地行为

所有生物自我保护的一个核心就是确保获得生存所需的资源。这表现为领地行为。一个生物或种群的领地可以粗略定义为一片既包含其生存所需资源，又包含确保其物种延续所需交配机会的地理区域。只有生物积极防卫的区域才算它的领地，因为它生活的地区范围可能会更广一点儿。

生物要维护自己的领地，就必须与其他物种或者本物种的其他成员竞争。有些动物用气味来划定自己的领地，警告其他动物不要靠近；有些会释放令人不快的化学物质，或者留下明显的标记；有些会积极守护自己的领地，任何入侵者都会遭到攻击；有些动物，尤其是鸟类，则会利用鸣叫进行威胁。

维护领地通常需要耗费大量的时间和精力，这始终是一个信号，表明存在某种特征赋予了生物重大的生存优势。要是资源丰富，领地行为就毫无必要，倘若真是这样，生物就会逐渐停止这种行为。资源越稀缺，领地行为就越有可能具有攻击性。

Potts, Jonathan R., and Mark A. Lewis. "How Do Animal Territories Form and Change? Lessons from 20 Years of Mechanistic Modelling." *Proceedings of the Royal Society B: Biological Sciences* 281 (1784) 2014.

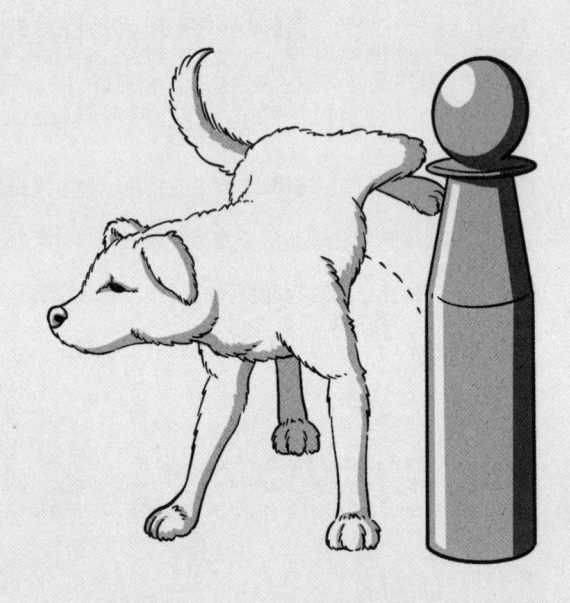

途径。她在回忆录《我皮肤下的国家》中写道,她明白"加入桑地诺民族解放阵线是冒险之举。这意味着将生命置于枪林弹雨之中"[1]。自桑地诺运动之始,只要有革命嫌疑就会被索摩查政府逮捕并施以酷刑。随着革命愈演愈烈,不乏有关政权以残酷措施镇压革命者的报道,包括把人从直升机上扔下去摔死。

决心直面酷刑和死亡的可能似乎与自我保护的概念背道而驰。贝利有意将自己的生命置于险境,只为实现根本无法保证的政治和社会变革。自我保护是一个非常有用的模型,能帮助我们理解看似有违直觉的行为:为了长期的可能性,牺牲短期的确定性,就像我们研究的那些为了后代或群体牺牲自己的动物一样。

贝利并没有立刻完全投身革命。她也有过怀疑的时刻,既是对桑地诺民族解放阵线的怀疑,也是在思考让女儿面临可能失去母亲的处境究竟是否明智。当时有位朋友开导她,帮助她化解作为革命者和母亲的身份冲突,她在书中引用了他的话:"你女儿恰恰应该是你参加革命的原因,你应该为了她们做这件事,这样她们就不用再做你不愿做的事了。"从某种意义上说,贝利的动机是想为两个女儿创造一个不用做出此类牺牲的美好世界。我们可以将其理解为一种"递延保护":一个更公平、更稳定的世界会给她的基因提供更好的延续机会。

但也不能把她的选择简单归结为处心积虑的生物保护。贝利解释说,她在

---

[1] Belli, Gioconda. *The Country Under My Skin*. New York: Anchor Books, 2002.

考虑投身桑地诺民族解放阵线时，认为参加革命是她"增加生活意义的唯一途径"。这里有一个细微的差别：对人类而言，生存不仅只有生死之别。我们并不希望只是有呼吸、有心跳，那将无异于行尸走肉，我们想要过一种我们认为有意义、有价值的生活。

加入桑地诺民族解放阵线就是踏上了一条荆棘之路。贝利在书中写到，在被索摩查政府认定为叛徒后，她曾被跟踪、审讯并流放到邻国哥斯达黎加。她在很长一段时间内都见不到孩子，个人生活也不平静，两次婚姻都因为参与运动带来的压力而以失败告终。看着许多同志被监禁甚至被杀害，她担心"这么多的梦想和努力可能会就此付诸东流"。然而，贝利的动机是希望制止索摩查政权的行为，其独裁统治让众多尼加拉瓜人深陷水深火热之中，而这些统治者却利用国际援助资金中饱私囊。她写道："24岁时，我生活在一个一穷二白的可怕国度，但于我而言，没有永恒的不幸。我坚信我们可以改变一切，创造一个光明的未来。"

加入桑地诺民族解放阵线有点儿像加入一个部落。贝利解释说："我深深地懂得艰难时期的革命情谊有多深厚。"每个人都做好了随时为集体牺牲自我的准备。贝利在书中提到，她曾多次冒险走私枪支、货币和假身份证件，把物品交到其他革命战友的手中，为了推动桑地诺运动，她不惜牺牲自己的自由。

贝利承认，她也曾质疑这种集体优先于个人的精神。"难道我们都疯了吗？当部落或集体的命运危在旦夕时，男男女女能够凌驾于个人的生存本能之上，这又是怎样的基因奥秘？"是什么让我们放弃眼下确定的生存机会，转而为不确定的未来承担风险？贝利在解释她如何克服流亡带来的挫折和压力时，提供了一个有趣的视角："如果我屈服于恐惧，那我最终会为了拯救身体杀死我的灵魂。"她还向孩子们解释自己的行为是在履行"对他人负责的义务"。

桑地诺运动是成功的，因为成功推翻了尼加拉瓜的索摩查政权。随着独裁统治的结束，基于其作为一个革命组织所发展和完善的理想，桑地诺民族解放阵线试图重建国家的政治和社会基础设施。贝利对这场革命的主要贡献在公关传讯方面，她负责撰写新闻稿和招募信，阐述革命目标，招募更多的人加入这项事业。她多次作为代表出国争取国际支持。但她也表示："桑地诺主义是我最根本的身份标签。"这促使她拼尽全力支持组织的行动。随着革命的临近，她在哥斯达黎加流亡时依然没有放弃努力，"我内心十分渴望在这场斗争中做出最基本的贡献：加入尼加拉瓜的战斗"。因为参与革命，每次与孩子道别都仿佛是永远的诀别。但她没有退缩，她将自我保护的本能集中于尽己所能确保孩子在这个世界上"安全、快乐地成长"。

德林库尤：土耳其古老的地下城市

鸵鸟把头埋在沙子里可能是一个迷思，但在危险时刻，人类确实会在脚下寻找"安全屋"。1666年伦敦大火期间，人们把贵重物品埋在花园里；《死海古卷》[1]是在地下的一个洞穴里发现的；在土耳其的安纳托利亚中部地

1　泛称20世纪中期在死海西北岸的山洞中发现的古代文献，被誉为20世纪最伟大的考古发现之一。——译者注

区，在数千年的时间里，一批又一批受迫害者将生活转移到地下，充分说明我们愿意不惜一切代价以求自保。

德林库尤是卡帕多西亚地下发现的最深的城市。1963 年，一名土耳其男子在装修地下室时发现了一件令人震惊的事情：墙面背后竟然有一整个房间。在那里，考古学家发现了一座蜿蜒于地下的城市，开凿于柔软却坚固的岩石上。

德林库尤位于地下 200～280 英尺[1] 深的地方，分为 18 层，可以容纳两三万人。未来的考古挖掘可能会发现它曾经比目前已知的还要大。[2] 德林库尤绝不只是一个迷宫般的隧道，让人们挤在里面等待危险过去。相反，它是一座完整的城市，包含了居民在此舒适生活而非勉强生存一段时间所需的一切。考古学家在此发现了学校、礼拜场所、卧室、浴室、食物贮藏室、制作橄榄油和葡萄酒的设备、坟墓、马厩及其他动物的居所，以及社区会议场所。除了新鲜的食物和水，居民还能利用至少 52 个通风井获得新鲜空气，使城市保持良好的通风。[3]

一些专家认为，德林库尤是由弗里吉亚人建造完成的。他们是来自巴尔干半岛南部的古老的印欧种族，根据希腊历史学家希罗多德的记载，弗里吉亚人在公元前 12 世纪移居到这个地区。他们建造地下城市可能是为了躲

---

1   1 英尺约合 0.3048 米。——译者注

2   Weisman, Alan. *The World Without Us*. London: Virgin Digital, 2012.

3   Ulsay, Resat, ed. *Rock Mechanics and Rock Engineering from the Past to the Future*. Boca Raton, FL: CRC Press, LLC, 2016.

避亚述人。德林库尤也可能是由波斯人或赫梯人所建。历史学家认为，赫梯人可能挖了隧道来储存物品，随后其他部落以此为基础建造了城市。[1] 还有一种可能是，赫梯人在公元前12世纪与色雷斯人的战争中曾在德林库尤避难。罗马人、早期基督徒和土耳其人都曾在不同的时间节点使用过这些地下隧道。有些学者甚至声称隧道是史前遗址，最初是为了避暑而建，因为在其中发现了一万年前的石制切割工具。而隧道质量的参差似乎也为这一理论提供了支持。

不管第一条隧道是谁挖的，其后的部落都在此基础上不断拓展德林库尤的版图，以至于很难再将它看作某个部落的财产。德林库尤属于整个地区。

我们不知道，也可能永远不会知道，究竟是哪个部落率先打造了德林库尤。但他们这么做的原因很清楚，安纳托利亚地区的绝大部分历史都充斥着冲突和不确定性，其处于亚欧之间的战略地位使它成为世界主要大国一次又一次争夺的焦点。为了让居民在永无休止的战争和混乱中生存下来，他们需要采取更极端的举措。德林库尤和卡帕多西亚的其他地下城市曾多次庇护该地区的居民，使其免遭灭顶之灾。7世纪时，波斯战争在卡帕多西亚爆发，导致该地区四分五裂。冲突刚刚结束，阿拉伯穆斯林军队就来了，造成了彻底的内乱。[2]

基于其设计，德林库尤能在冲突期间为人们提供庇护，就像乌龟在察觉到

---

[1] Evelpidou, Niki, Tomas DeFigueiredo, Francesco Mauro, Vahap Tecim, and Andreas Vassilopoulos. *Natural Heritage from East to West Case Studies from 6 EU Countries.* Berlin: Springer Berlin, 2014.

[2] Cooper, Eric. *Life and Society in Byzantine Cappadocia.* Palgrave Macmillan, 2014.

危险时会缩回壳里一样。隧道很窄，一次只允许一人弯腰通过。这样一来，袭击者就无法进入德林库尤，因为居民可以轻而易举地将从地道里走出来的士兵一个个干掉。当居民想要阻止其他人进入时，重达1 100磅[1]的巨大石刻圆盘就会在入口处滚动，石盘中间钻有小孔，可能是用来射箭的。[2] 根据初步挖掘，德林库尤甚至有一条隧道，绵延数千米，可以通往另一座地下城市。一旦被攻破，居民也能逃往别处避难。

当我们感受到威胁时，逃跑往往是第一反应。我们想要逃离危险，躲藏起来。在德林库尤和该地区其他地下城市避难的人之所以这么做，是因为这让他们拥有了最大的筹码。他们拥有在相对舒适的环境中长时间生存所需的一切。即使有袭击者设法进入德林库尤，他们也只能一个一个进，很容易被击败。

逃跑和囤积的策略对卡帕多西亚的居民来说很有效，但这种自我保护措施也不无弊端。短期内在地下囤积物资或许可行，虽然研究人员对德林库尤的了解尚待完善，但人们终究不太可能长期完全待在地下。储存的食物有限，而且长居于此，由于缺乏阳光照射和新鲜食物，会严重缺乏维生素。此外，一旦敌人决定采取围攻，地下躲避的策略或许就收效甚微了。

地下城市这个例子或许比较极端，但同样的本能其实也在以不易察觉的方式影响着我们的日常行为。以"生存模式"行事终究不是长久之计，囤积

1　1磅约合0.454千克。——译者注

2　Farley, David. Underground Worlds: *A Guide to Spectacular Subterranean Places*. New York: Running Press Book Publishers, 2018.

和藏匿也并非终生之策。在人类社会，一有物资短缺的迹象就会掀起抢购热潮，即便囤积的行为最终只会加剧短缺。如果一家公司的员工担心即将到来的裁员，他们可能会像德林库尤的居民一样，悄悄藏匿和囤积信息，他们以为私藏信息会提升自己对于公司的价值。他们可能会囤积工作，拒绝交接，做些无关的事情。这也许会暂时使得他们不可替代，但长远来看，信任会破裂，完成的工作量也会减少，从而将公司推入险境，最终危及自己的饭碗。在现实中，这种自我保护的本能会适得其反。不帮助他人或者不分享筹码对所有人都不利。

任何时候，当我们在紧急情况下奋力求生时，除了躲藏和囤积，我们还需要更多具体的计划。除本能外，我们也需要适时凌驾于进化机制之上，思考如何才能长期生存下去。有时，直接的自我保护本能会适得其反，最终有损我们的长期利益。

结论

自我保护是一种核心本能，可以解释人类的许多行为，包括为什么一碰到物资短缺就容易恐慌，为什么我们会试图以牺牲所在组织为代价来提高自己的价值，以及为什么我们会做出牺牲来确保文明的传承。

自我保护观念与我们的身份息息相关，也是赋予生命意义的一种方式。如果我的孩子或者我的思想得以生存、成长和繁衍，那么从某种意义上说，我就保护了我自己。

永恒的记录

人类保护自己的方式不仅包括将基因遗传给后代,还包括保存体现我们身份的记录。大约在人类首次开始写作的时候,我们就尝试将记录永久存放在图书馆里。接着又很快发现只记录是不够的,更重要的是保存记录。人类几千年来掌握的知识使我们足以留下有关我们身份的遗产。

1849年,奥斯丁·亨利·莱亚德发掘了尼尼微——这个古老的亚述城市曾经是文明的中心。公元前612年,它在一场大火中毁于一旦,在随后的几千年里只存在于传奇故事中。不过,毁于大火倒是有一个宝贵的副作用:这座城市的大型图书馆里的文字泥版得以幸存。亚述末代国王亚述巴尼拔收集了美索不达米亚各地的文献,因此图书馆里装满了记录亚述人、苏美尔人和巴比伦人生活的泥版。这座图书馆的发掘使得隐入历史尘烟的人物、城市和风俗重新鲜活起来。"图书馆里存有字典和语法书,有关植物学、天文学、冶金学、地质学、地理学、年代学等方面的论文,宗教和历史小册子,以及诏书、公告、法律和法令汇编。"[2]

这一发现为我们了解人类历史提供了更多背景。其中一块泥版上记载了一个与《圣经》中的故事类似的洪水故事,但时间要超前几个世纪;另一块泥版上记载着《汉穆拉比法典》,有助于深入了解对后世文明产生深远影响的文化规范。此类知识能帮助我们深入探索人类历史。要是没有图书馆的馆藏,我们就只能一次次从零开始重复发明和想象。保存知识使我们得以更容易地传承知识,最终保护好人类文明。

[1] Hunt, Patrick. *Ten Discoveries that Rewrote History*. New York: Plume, 2007.

[2] Brackman, Arnold C. *The Luck of Nineveh*. New York: McGraw Hill Book Company, 1978.

生物学

06 复制

———
拷贝，拷贝，拷贝。

生物学中的复制归根结底是指 DNA 在细胞分裂过程中自我复制的能力。这既是我们生命的开始,也是在我们死亡之前部分细胞持续进行的一个过程。

不妨从细胞复制的微观层面思考一下这个过程。我们的皮肤细胞每天脱落数百万个,但在我们一生当中,皮肤细胞却从未耗尽,这是因为它们始终在自我复制。这种完美复制的能力与生俱来,没有这种能力我们活不了多久。

这种复制方式被称为有丝分裂,指的是体细胞复制的整个过程,复制结果是产生两个基因相同的子细胞。有丝分裂让我们长出皮肤、头发和指甲。其过程并不神秘,可以用几个基本条件加以解释。

复制的发生需要三个条件:

1. 一个代表你想复制的内容的编码;
2. 一种复制编码的机制;
3. 一个处理编码和进行复制的场所。

在一个已完成适应的单元中,复制过程中由错误(突变)带来的大多数变异都是有害的。因此,对一个已完成适应的实体来说,增加复制的准确性,或者尽量只在编码中最无关紧要的部分犯错,这样的机制将会受到自然选择的青睐。
——海尔特·弗尔迈伊

这就是皮肤细胞形成的机制，它们拥有自己的编码、复制编码的机制和执行编码指令的场所——这一切都是为了产生更多的皮肤细胞。此外，这台复制机器功能强大，永远不用担心会有失去皮肤的那一天。

除了皮肤细胞，复制还有其他用途。它的另一个特性是重组。复制不一定都是完全精确的。细胞的组成部分能以新的方式重新组合，为我们提供现有事物的独特实例。

这就是有性生殖，它能创造新的机会。经过减数分裂，亲代的生殖细胞仅含有体细胞一半的染色体数。受精后，来自母亲的一半染色体与来自父亲的另一半染色体结合，于是受精卵中的染色体数目变得与亲代体细胞中的染色体数相同。有性生殖的后代在基因上都是独一无二的，因为他们的基因来自父母双方，并且复制过程中也可能发生变异。

有性生殖在生物界普遍存在。哺乳动物、鱼类和植物都能进行有性生殖。这是为什么呢？因为经过几代遗传之后，不能进行有性生殖就意味着基因变异较少，那么在环境发生变化时，应对的选择也就相应减少。不能适应新的环境就意味着死亡。

精确的复制会导致不好的突变永久化。重组带来了性状的多样性，从而能够提高物种的适应性，增加生存的概率。复制和重组共同阻止了损害健康的性状的积累，让物种得以获得可能优势巨大的新性状。当然，这也意味着要为此付出巨大的代价。首先必须努力找到另一半完成结合，其次是不能被多样性吓倒，因为多样性能帮助我们实现成功的适应。

肥水不流外人田

倘若只有复制而没有重组,那结果将是灾难性的。复制也可以理解为共享信息,"与所有形式的信息传输一样,复制不可避免地伴随有信息的损失,或者至少是改变"。仅仅复制是不够的,还需要创新和改进,以弥补难免会引入的错误。

11—18世纪,哈布斯堡王朝统治了欧洲的大部分地区,家族成员在不同时期统治过德国、英国、匈牙利、爱尔兰、葡萄牙、西班牙等国家。正如本杰明·柯蒂斯在《哈布斯堡家族》一书中所述:"家族成员坚信他们是天生的统治者……相比其他王室,他们的优势更为持久,他们的野心更加宏大。"哈布斯堡家族小心翼翼地守护着手中的权力,甚至不愿因为婚姻与其他家族分享权力,因此尽可能选择与近亲结婚,比如堂表兄弟姐妹或侄女、外甥女,以保持帝国真正的完整。他们的座右铭之一是:"让别人去打仗吧,但你,幸福的奥地利,结婚去吧!"[1]

结果不出所料,近亲结婚导致基因缺乏多样性,造成了严重的后果。其中最知名的就是他们怪异的下颌轮廓,下巴过大,反颌明显,嘴唇太厚。即便在经过美化的肖像画中,这一特征也暴露无遗。

经过几代的繁衍,近亲结婚最终导致他们在说话、吃饭等基本生活上都出现了极大的困难。哈布斯堡家族的婴儿死亡率甚至远远高于最贫困的底层

---

[1] Curtis, Benjamin. *The Habsburgs. The History of a Dynasty*. London: Continuum Publishing Co., 2013.

人民。1527—1661 年，哈布斯堡家族在西班牙的成员共生育了 34 个孩子，其中一半在 10 岁前夭折，10 个孩子甚至没有活过 1 周岁。

没有任何新输入的封闭系统会在不断变化的环境中消亡。经过 16 代的近亲婚姻，哈布斯堡家族最终患上了严重的残疾，整个家族就此走向灭亡。他们对欧洲的成功统治到头来得不偿失，家族的最后一个成员查理二世患有不育症，因此没有继承人。查理二世自幼体弱多病，由于下颌畸形，他直到 4 岁才学会说话，8 岁才学会走路，口角流涎，智力低下，几乎没有表达能力。他的不育症可能是由垂体激素缺乏症导致。此外，他还患有肾病。查理二世去世时还未满 40 岁，即便在那时，对他这种财富级别的人来说也算英年早逝。据报道，他的智力水平仅相当于幼童。

复制是必要的，但绝非生存的充分条件。对某一特质复制的次数越多，它就会变得越脆弱。因此，仅仅依赖复制一定有其弊端。不妨想象一下，一位老师给学生复印了一张练习题，然后把原件扔掉，只保留复印件。第二年，再用复印件复印，仍然只保留复印后的版本。年复一年，练习题的印刷质量会越来越差，因为每一次复制都会传递错误并引入新的错误。每一次复制都会导致小问题的不断累积和叠加。哈布斯堡家族的情况也是如此，在缺乏基因多样性的情况下，本不会在儿童身上出现的隐性突变在一

---

1   Khan, Razib. "Inbreeding & the Downfall of the Spanish Hapsburgs." *Discover*. April 15, 2009.

2   Gluckman, Peter D., Alan Beedle, and Tatjana Buklijas. *Principles of Evolutionary Medicine*. Oxford: Oxford University Press, 2016.

3   Bittles, Alan Holland. *Consanguinity in Context*. Cambridge, UK: Cambridge University Press, 2012.

代又一代人身上得到加强和累积。[1] 直到最近遗传学的发现，人们才明白为什么会出现这种情况。没有多样性，只有在原始版本和复制机制都非常完美的情况下，复制才能成功，否则错误就会像雪球一样越滚越大。

德国人达到复制"最佳平衡点"的秘诀

复制有一个最佳平衡点，复制的内容既要有足够的刚性，便于复制，又要有足够的灵活性，以适应不可避免的变化。同基因突变的累积一样，对错误的复制会加剧人类在各个领域的错误。我们常常认为新事物会污染或冲淡旧事物，企图因循守旧，但这并不可行。相反，我们要做的就是拥抱新事物，否则多样性的缺乏会带来恶果。从军事行动到风险投资，弄清如何复制策略或成功至关重要。如何在不牺牲目标、价值观和愿景的情况下推动适应和创新？

德国人在战场上反复被拿破仑打得落花流水后，终于意识到拿破仑的作战方法与他们之前遇到的大不相同。如果想赢，他们需要改变并尝试新的战术。拿破仑最初采用的策略是将军队插入两支敌军之间，接着在敌军能进行协调和合作之前就对他们同时发起进攻。拿破仑曾写道："让没有通信的部队单独行动以对抗一支通信畅通的联合部队简直有悖所有原则。"[2] 传统的德国军队有着"线性战术、铁的纪律、绝对服从和对独立行动的零容

---

[1] Callaway, Ewen. "Inbred Royals Show Traces of Natural Selection." *Nature*. Nature Publishing Group. April 19, 2013.

[2] Bonaparte, Napoleon. Quoted in Roberts, Andrew. *Napoleon: A Life*. New York: Penguin, 2014.

忍"，起初根本无力应对拿破仑的战术。在认识到需要改变战略之后，德国人制定了"任务型战术"，也就是我们现在所说的"指挥官意图"，即分享必要的信息，"以授权给现场的下级指挥官"。支撑这一战术的理论其实就与如何为复制创造合适的条件有关。

在作战中，各方都希望层层复制己方战略，直至执行层面。最好的机制是什么呢？要是过于死板，当环境发生变化时（这是可以肯定的），执行人员就无法通过适应和创新来执行战略。这与生物学中复制所面临的挑战有着直接的联系："严格的专业化（比如利用基因编码）是不可行的，因为编码体量庞大，容易崩溃，而且不足以预测一个经济实体在其生命周期中可能遇到的诸多挑战和机遇。"

德国人在迎战拿破仑时遇到了组织僵化的问题，前线的人无法适应。由于德国士兵根本没有思考命令背后的原因或逻辑的习惯，一旦拿破仑中途改变战术，他们便束手无策。环境总在变化，因此成功的复制必然具有一定的灵活性。

但是，如果复制的精确度不够，策略就会被过多的错误污染而无法被执行。被授权的下属可以适应不断变化的战场条件，但给予灵活性的前提是不能让指挥官丧失了协调行动以执行战略的能力。

[1] Shattuck, Lawrence G. *Communicating Intent and Imparting Presence*. Military Review. March-April 2000.

正如克劳塞维茨在《战争论》中所述：

> 战略就是运用战斗来赢得战争胜利的过程。因此，它必须为整个军事行动赋予目的，这个目的必须符合战争的总目标。换言之，战略决定战争的计划，并且为达到上述总目标，战略贯穿了秉承同一目的的一系列行动，即战略为各个战役制订计划，并控制每场战役中的战斗。由于这些在很大程度上都只能根据推测来确定，推测又未必正确，其他一些细节甚至是根本无法事先安排的，所以战略必须随军队到战场上去，以便在现场安排细节，并对总体计划不断进行必要的修正。战略因此一刻也不能脱离实地作战情况。

如何在执行战略和灵活适应不断变化的环境之间找到最佳平衡点？"指挥官意图"包含四大要素——制定、沟通、解释和执行，前两项是高级指挥官的职责，后两项是下级指挥官的工作。为了培养这些技能，指挥官必须考虑以下四个标准：

1. 解释逻辑依据（不仅包括是什么和为什么，还包括做出决策的过程）；
2. 设立操作限制（确定哪些是完全禁止的行为）；
3. 经常寻求反馈（不同层级之间的连续循环反馈）；
4. 承认个体差异（每个下属独特的心理状态）。

将这些标准结合在一起，倘若执行得当，就会达到复制的最佳平衡点。它们既能推动战略的持续应用，在面对变化的条件时，也留有适应和创新的空间。

复制文化

"复制"这一模型有助于理解为何某些产品或习俗能在全球范围内广为传播。通常，当置身于其他文化中时，我们会注意到不同之处，比如，让我们感到陌生甚至荒谬的言行举止，以及对沟通和理解构成障碍的思想理念。然而，当新的行事方式必须被纳入原有的文化时，这些陌生的习俗就有可能因为过于僵化阻碍了必要的发展。有一些习俗几乎是全球性的，哪怕是在其他方面迥然不同的文化都包含这些共同的习俗，尽管具体细节可能略有不同。其中一个例子就是饮茶，茶的灵活性足以使其扎根于世界各地，它在生物和文化层面的复制能力充分说明了适应能力的价值。

饮茶文化遍布世界各地。从中国、日本和俄罗斯到伊朗、英国和肯尼亚，茶已经传播到全球的各个角落。[1] 在大多数地方，茶文化（可以简单理解为在一个地方有许多人喜爱喝茶）的发展遵循着特定的规律。首先，一个地方接触到了茶，无论是通过探险家、航海者还是入侵者，一旦人们对茶叶产生兴趣，这个国家就会开始进行茶叶贸易；接着，在茶融入本地文化后，该国会在气候允许的情况下尝试自己种植。这一发展规律在全球许多地区反复上演。

1　Mair, Victor H., and Erling Hoh. *The True History of Tea*. New York, NY: Thames & Hudson, 2009.

茶最早起源于中国，因为茶树最初只生长在包括中国西南地区及印度和缅甸部分地区在内的一小片区域。在那里，茶树的种植至少始于3 000年前，而早在400年，茶就被誉为一种能"轻身换骨"的饮品。茶的味道固然很好，但现在我们也知道它含有咖啡因，这无疑是它最初和如今广受欢迎的很大一部分原因。

茶在中国扮演了很多角色。在几个世纪内，茶都是中国最主要的出口产品之一，也在中国与从中亚各国到英国的国际关系中发挥了重要作用。随着时间的推移，中国人的饮茶习惯发生了演变，包括冲泡方式和所需的茶具。然而，一说到茶，中国就是它最初的消费者，其他所有国家归根结底都是从中国复制了茶文化。

云游僧侣将茶带到了日本，在那里，茶和茶道逐渐与政治权力和文化表达联系在了一起。茶从中国传入日本几次，但正如梅维恒和郝也麟在《茶的真实历史》一书中所述："直到1191年，从中国学成归来的禅师明庵荣西开始宣传禅宗是拯救日本的教义，茶是恢复日本人健康的良药，日本茶文化才真正开始发展起来。"茶文化兴起后，日本人开始自己种植茶树。饮茶成了一种更为精致的文化表达的一部分。茶道冗长而复杂，每个参与者都必须了解自己在其中的角色。但这种复杂的饮茶方式非但没有遭人反感，反而"成为一种融合了自然、工艺、哲学和宗教的艺术表现形式，为日本精神提供了深刻的表达"。茶由此经历了首次全面的复制，在日本产生了新的文化表达。

17世纪，连接中国与俄国的贸易路线发展起来。莫斯科与中国相距4 000

多千米，而茶叶是从中国运往此地最重要的商品之一。俄国人几乎立刻就喜欢上了饮茶："上至克里姆林宫金碧辉煌的大厅，下到俄国农民涂着柏油的小屋，全民饮茶成为风气，茶炊（一种用来烧水的金属壶）成为俄国人热情好客的象征。"俄国的禁酒运动积极推广茶叶，以此减少伏特加的消费。最初，茶叶供给全部来自与中国的贸易。然而，随着时间的推移，俄国想逐渐摆脱对中国茶叶的依赖，因此，"1893年，波波夫兄弟公司在格鲁吉亚巴统附近的高加索地区建立了俄国的第一座茶园"。从此俄国开始自己种植茶叶，创造了又一次文化和产业复制。

有关茶文化发展的最后一个例子是波斯，即现在的伊朗。茶并非直接从中国传入这一地区，而是由中亚地区已经饮茶上瘾的群体将茶运到波斯进行贸易从而传入。"到17世纪上半叶，茶已经成为当地日常生活中不可或缺的一部分。"由于伊斯兰教禁酒，茶非常适合当地文化。宗教对茶的接受助推了它的迅速普及。茶馆发展起来后，"名门望族会去那里喝茶、抽烟、下棋"。随后，波斯朝圣者又把茶带到了阿拉伯半岛上的各国，就像日本僧人把茶从中国带到日本一样。随着茶文化逐渐生根发芽，波斯人也希望减少对外部茶叶供给的依赖。因此，"茶叶生产始于20世纪初，当时波斯驻印度领事成功将大约3 000棵阿萨姆茶苗走私回祖国，种在里海的西南部一代"。由此，对茶文化和产业的复制得以继续。

茶为何能在全球范围内被广泛复制呢？茶具有天然的灵活性。泡茶和饮茶的方式很多，可以根据文化规范和社会需求进行调整。茶叶经过不同程度的发酵，可以制成绿茶、乌龙茶或红茶，每种茶又可以采用不同的香料、牛奶等调味。根据当地的设备和资源，还发展出了不同的制茶工艺。所有将茶叶浸泡在沸水中的饮品都统称为茶，所以它还有一个不能被改变的核心结构——茶只产自茶树。

这种将固定内核与灵活外壳相结合的做法，清楚地解释了茶为何能从一片很小的地理区域传播到地球上几乎每个国家。

结论

复制作为一种思维模型告诉我们，我们并不总是需要重新发明轮子，把时间浪费在无用功上。别人正在做的事情往往就是一个很好的起点。一旦对环境有了一定的了解和感知，你就能根据自己的需要更好地进行适应。我们需要记住的是，有效的复制需要足够的结构和空间来产生副本，但也需要足够的灵活性确保副本能适应环境的变化。一段时间内行之有效的方法并不意味着它将永远有效。要保持一种成功的方法，就必须具备根据需要发展和修改这种方法的能力。

生物学

07 合作/共生

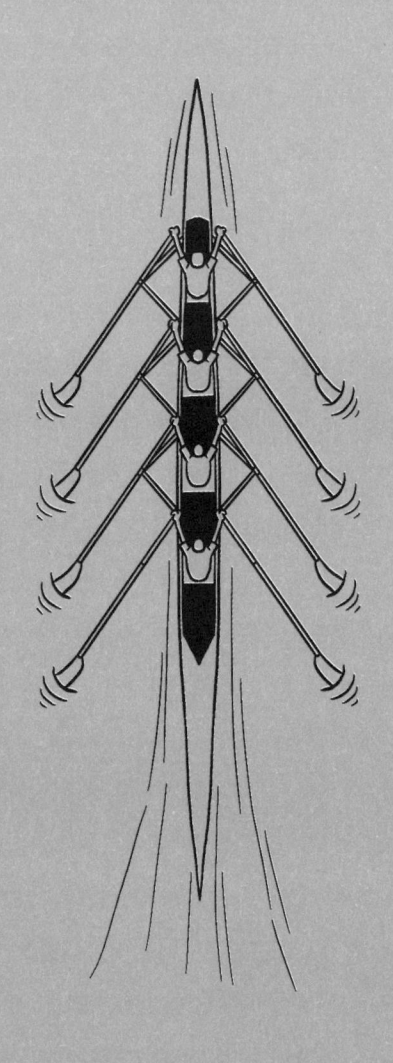

———
携手合作。

生物学中的合作或共生基于这样一种观点，即无法单独实现某项重要功能的生物会利用另一个生物的身体来弥补这一缺陷，而另一个生物本身也能从中获益。对物种来说，共生往往能让它们具备竞争对手没有的优势，从而增强自身的竞争力。"所有生物的适应能力都会受到一定程度的限制，而共生关系使它们得以拓展其固有的适应能力，以开发新的资源和环境，或者及时适应环境中的变化。"

我们通常认为，生物合作对有关各方来说是一种双赢。你有一种需求，而对方恰恰可以满足。作为交换，你也会满足对方的一个需求。不是非得有合作才能生存，但合作可以提高生活质量。如果没有小鱼帮鲨鱼清洁牙齿，鲨鱼也不会活不下去，但总的来说，鲨鱼的生活质量因此得到了改善，因为干净的牙齿更加健康，它就能将更多时间用于捕食猎物。通过创造一加一大于二的新功能，合作极大地拓展了生存的可能性。

线粒体的起源就是生物学中合作概念的绝佳范例。线粒体是细胞中制造能量的细胞器，如今是细胞不可或缺的组成部分，但它存在于细胞中并不是自然选择的结果，而是因为在某个时刻线粒体与另一个细胞的合作。

一种理论认为，线粒体最初以自由原核细胞（简单细胞）的形式存在于自然界，其中有一个线粒体被一个厌氧真核细胞（复杂细胞）吞噬，目的是将有毒的氧自由基转化为无害的水供宿主使用，由此产生了现在的线粒体。另一种理论则认为，原始的线粒体和宿主细胞均为原核细胞，而如今的线粒体，一种为绝大多数生物提供能量的真核细胞，则是二者合作生成的产物。

不论是哪种情况，线粒体的前身都可被视为一种被吞入细胞的细菌，一种互利关系由此建立起来。线粒体能产生三磷酸腺苷（ATP），可以把它理解成细胞的能量货币。细胞中的大多数化学反应都需要消耗大量能量。这些反应的发生要归功于线粒体提供的丰富能量。

由于这个新细胞的成功组建，线粒体开始在宿主细胞中"生活"，并逐渐成为宿主细胞的一部分，以这种方式增殖。这大约发生在 10 亿年前。如果没有这种合作，复杂的生物就无法实现进化。

另一种有趣的共生关系发生在奶牛与生活在其消化系统中的细菌之间，这些细菌帮助奶牛消化干草和青草中的纤维素，奶牛则为细菌提供营养丰富的生存环境，这是两种生物的双赢。再加上奶牛的多层胃和短阑尾，这一共生关系意味着奶牛能以坚硬的植物为食。人类不能消化纤维素，部分原因是我们的消化系统中没有这类消化纤维素的细菌。

最后一个例子是夏威夷短尾鱿鱼与一种细菌——费氏弧菌的关系。这种会发光的细菌生活在鱿鱼的发光器官中。这对细菌来说是一个相对安全的环境，因为鱿鱼提供了庇护，它们没那么容易被吃掉。反过来，鱿鱼则利用细菌产生的光来伪装自己，从而躲避海洋中的捕食者。

---

[1] Roger, Andrew J., Sergio A. Munoz-Gomez, and Ryoma Kamikawa. "The Origin and Diversification of Mitochondria." *Current Biology* 27, R1177–R1192, November 6, 2017.

共同的信念

在《人类简史》一书中，尤瓦尔·赫拉利研究并阐述了人类广泛存在的共同信念的体系，以及我们是如何在其中互相合作的。[1] 他指出，在地球上的所有物种中，人类独一无二，能够想象出没有物理对应物的事物，而且这种想象力使得我们能够在庞大而复杂的社会中运作。这些共同信念是实现我们当下生活方式的前提——"大量陌生人可以因相信共同的神话而携手合作"。

共同的信念塑造了我们生活的方方面面。因为相信货币、法律、公司和国家的价值，我们才能共同工作、共同生活。倘若没有共同的信念，我们会一无所有，不会有房子、工作或者任何社会基础设施。赫拉利认为，正是这种秉持共同信念的能力，让人类从专注于日常需求的小群体，发展成为研究过去、担忧未来的相互联系的大群体。

不过这究竟是好是坏也很难说，如赫拉利所述："大多数人类合作网络都是为了压迫和剥削。"毕竟，只有共同的信念才能解释为什么有些人生活得比其他人更轻松，比如要不是我们都相信货币的价值，它就不会存在，攒钱也就毫无意义了。惯性在这里也起到了一定作用，一个信念的接受度越高，我们就越容易忘记它是人造的产物，最终，这个信念的巨大惯性会让我们误以为它是自然世界的必然。毫无疑问，如果不在这些共同的信念上进行合作，人类社会就会瘫痪。

[1] Harari, Yuval Noah. *Sapiens: A Brief History of Humankind*. Toronto: McClelland and Stewart, 2014.

> 合作……本身就是一种进化力量，不仅有助于生物当下的生存，还为适应未来的挑战创造了可能。
> ——拉菲·萨加林

进步驶入快车道

在某些情况下，合作对生物双方都很重要，以至于它们进化成了彼此永久的一部分。就像上述线粒体的例子一样，生物合作产生的裨益为进一步发展奠定了基础。当你可以依赖合作及其满足的需求时，你就可以利用腾出来的能量支持发展和创新。

人类社会中的例子就是铁路和电报的发展。它们是两个完全独立的发明，但二者之间发展起来的合作关系使它们得以在全世界普及开来。正如小艾尔弗雷德·钱德勒所述："铁路和电报齐头并进，横跨了整个大陆。"[1] 电报为火车公司提供了一种可以随时了解火车运行情况的机制，知道火车是会早到还是晚到，这样人们就可以提前准备好卸下易腐烂的货物，或者调整乘坐车次。由此提高的效率是铁路公司盈利的关键。作为回报，铁路也为电报公司提供了架设系统的基础设施——从连接不同城市的电线杆和电线到通常设有电报局的火车站。

合作非常成功，很快，双方都无法想象在没有对方的情况下要怎么开展业务。受益于互惠互利及共生关系带来的更多好处，它们的业务紧密联系在

---

[1] Chandler, Jr., Alfred D. *The Visible Hand: The Managerial Revolution in American Business*. Cambridge: Harvard University Press, 1977.

了一起。这两项技术之间的相互作用"提升了货物、乘客和信息流动的速度和数量"。它们相互帮助，共同进步，就像生物之间的合作一样，"重要的是，伙伴关系的发展取决于任务完成的效率"。铁路和电报之间的依存关系如此牢固，完全可靠，于是两个行业都能腾出资源，不必浪费于重复建设对方已有的技术和基础设施。

由此带来的启发是，你多久会寻找一次合作的机会？我们经常谈论竞争对手，非常关注他们在做什么、他们前进的方向为何，以便发现薄弱之处，及时赶上，而不至于被打得措手不及，或者一下失去太多的市场份额。可是又有多少人会投入资源去寻找"合作伙伴"，找到可以与之实现互利合作的公司或行业呢？

非同寻常的和谐

地衣本质上是通过藻类和真菌之间的共生关系产生的一种新的有机体。拉菲·萨加林在谈到地衣时表示，共生关系"创造了你单靠观察这两种生物本身无法预测的新特性"。

要体现合作的力量能够改变现有的结构并创造新的能力，恐怕最好的例子就是一支成功的交响乐团所需要的内部关系。乐手之间的互动，以及乐手与指挥之间的互动，都需要大量的信任和责任感才能产生整体大于部分之和的效果。

加拿大国家艺术中心交响乐团的指挥家亚历山大·雪莱这样描述乐团成员

之间的互动："在最好的情况下，他们的表现就像是一群鸟。你只能看到一群鸟在飞来飞去，但不确定是谁在领头，也不知道这中间发生了什么。"这体现了交响乐团中合作的非比寻常之处，乐团的演奏不是一个领导者带着一帮追随者，也不存在严格的责任等级制度。雪莱表示："在乐团正常运转时，我和舞台上的 80 名乐手之间就是一种共生关系。"[1]

为什么乐团要以这种方式追求自己的目标呢？因为所有参与者一致认为，只有这样才能真正创造音乐。合作能产生不错的音乐，但完美的合作才能创造打动人心的作品。雪莱这样描述交响乐团："当一切运转良好时，指挥和乐团就会处于一种共生状态，音乐会自然而然地流淌，达到最理想的效果。"

其他指挥家也提出了类似的观点。指挥家瓦莱里·捷杰耶夫表示："我会开门见山，直接问最重要的问题：这首歌是什么颜色？什么性格？主音是什么？这意味着我们能立即着手处理各部分之间的关系，这是所有人之间的大规模协调。"[2]

指挥家马里斯·杨颂斯将乐团的成功时刻描述为"当一场精彩的演出变成一场伟大的演出时，此时作品、表演者和观众融为一体，形成一个不断丰富、如痴如醉的正反馈循环"。

---

[1] Parrish, Shane, ed. "The Knowledge Project: Alexander Shelley." *The Knowledge Project* (podcast). Farnam Street, 2016.

[2] Service, Tom. *Music as Alchemy*. London: Faber and Faber, 2012.

因此，信任是交响乐团成功的关键。对每个乐手来说，离他们最近的乐器他们听得最清楚，在某些音乐厅中，如果要与不同声部的乐器合作，那就根本无法依靠自己的耳朵来听。为了作为一个团体通力合作，他们必须相互信任，也必须了解各自的旋律是如何为乐团其他部分的表现做出贡献的。在《作为炼金术的音乐》一书中，汤姆·塞维斯将柏林爱乐乐团的乐手描述为"一群非常重视自己作为音乐家个体价值的演奏家，但在演出中却能共同创造出浑然一体、清晰可辨的乐声"。正是这种充分的合作，才产生了特别的音乐体验。

交响乐团必须在多个层面齐心协力才能创造出美妙的音乐。为了实现能奏出美妙的音乐所需的信任，合作必须充分。每个成员都必须全情投入。交响乐团是一个不成功便失败的场合。一个成员的失误就会毁掉整场演出。演出需要所有人通力合作。

蒙特利尔女子交响乐团就是这种合作与信任的杰出典范。该乐团成立于 1940 年，是"当时北美唯一一支完整的全女性交响乐团，由女性指挥、女性管理、女性组成"[1]。该乐团诞生之时，女性很少在交响乐团中演奏，即使演奏，也仅限于某些被视为"淑女"的乐器，如竖琴。

公共领域发生的任何事情，即便是音乐，在很大程度上仍被认为是男性的专属。当然，不是所有人都同意这一观点，两位女性站了出来，玛奇·鲍

---

[1] Rachwal, Maria Noriega. *From Kitchen to Carnegie Hall*. Toronto: Second Story Press, 2015.

文和埃塞尔·斯塔克[1]认为，蒙特利尔市有足够多的女性人才尚未被发掘，完全可以组建一支女子交响乐团。

起初，加入乐团的唯一要求就是投入和热情。因此，成员来自各行各业，包括专业音乐家和业余爱好者、家庭主妇、社交名媛、工人阶级和上层阶级。乐团里有犹太人、基督徒、法国人、英国人、白人和黑人，其中也包括首位成为交响乐团常任成员的加拿大黑人维奥莱特·格兰特。在指挥埃塞尔·斯塔克的指导下，她们关注的重点是团队的合作和包容，因此"尽管个体存在差异，但她们因一个共同的目的走到了一起——创作音乐"。

乐团的多元化意味着需要大量合作才能取得成功。她们必须应对当代社会中仍未解决的社会矛盾。在乐器能够合作演奏音乐之前，首先需要成员合作创建乐团。在排练时必须抛开阶级差异，她们对音乐的投入才能结出硕果。

在生物学背景下，合作的产生往往是因为人们在潜意识中就明白，没有人能够包办一切。任何物种或个体都不可能完全适应所有可能的环境条件。这同样适用于交响乐团，没有乐器就不会有音乐，而如果没有愿意相互信任、正确应对演出要求的人，乐器也就无法协同合作。

蒙特利尔女子交响乐团全身心投入于她们的音乐，正如玛丽亚·诺列加·拉赫瓦尔在她给乐团写的传记中所述，她们展示了"音乐跨越国界的力量"。经过多年在地下室和漏风厂房中的练习，在工厂工作和照顾孩子

---

[1] 埃塞尔·斯塔克（Ethel Stark，1910—2012），加拿大小提琴家、指挥家。在 1940 年成为蒙特利尔女子交响乐团的第一位指挥之前，斯塔克在纽约是一位成功的小提琴家。1979 年，她被授予加拿大最高荣誉——加拿大勋章。

的间隙挤出时间排练，她们的投入和才华终于得到了认可，该乐团成为加拿大首个受邀在纽约卡内基音乐厅演奏的乐团。演出精彩绝伦，好评如潮。基于这次成功，乐团开始在世界各地进行巡演，也在电视和广播节目上表演。乐团的收入一直不高，虽然加拿大的其他交响乐团从不会因为资助问题犯愁，女子乐团却最终因为没有资助而无奈解散。这从侧面证明了她们所取得的成功完全源自对音乐和彼此的承诺。她们的合作非常充分，乐团中的每一位女性都全力以赴。

结论

合作教会我们不仅要基于我们能得到什么，还要基于我们能给予什么来寻求和构建互动。要说有哪个模型可以解释人性，那就是合作。合作释放了人类的潜能。与他人共事和合作能为我们提供在单打独斗时所不具备的选择和机会。此外，当你还来不及根据环境的变化而进化时，合作带来的互利关系能大大提高你的生存概率。

合作造就了我们强大的大脑，使我们拥有创造艺术的能力和抽象思维。复杂的社会就建立在我们相互合作、统一信念、共享目标的能力之上。合作是我们日常生活的动力，从养育孩子到完成工作，再到赋予我们闲暇时间、意义和目标等的社会结构，一切都离不开合作。合作有助于减轻个人负担，有时还能创造出全新的事物。

配套理念二
邓巴数字

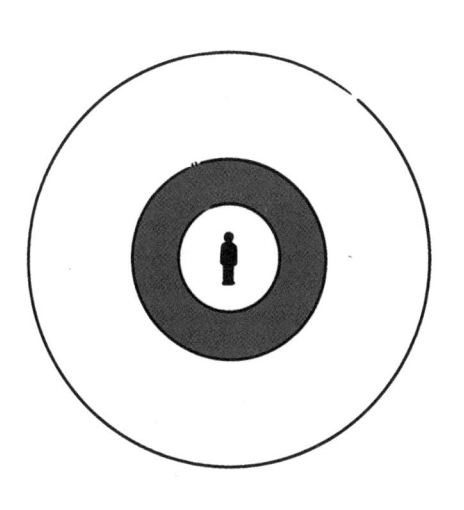

进化人类学家罗宾·邓巴认为,一个人能够维持的稳定社会关系的数量是有限的。我们的新皮质[1]大小决定了这一上限大约为 150 人。他解释说,在超过这个人数的群体中,由于新皮质的限制,人们很难与每个人都保持关系,因为这会导致信息过载。借助人类学家针对灵长类动物所做的田野调查,邓巴提出新皮质神经元的数量与可以维系的社会关系数量之间存在直接的相关性。[2]

为佐证这一论点,邓巴提到过去很多社群的人数就在 150 左右,包括狩猎采集者部落、军事单位、成功企业、《末日审判书》[3]中记载的社区、新石器时代的村落,以及互寄圣诞节贺卡的网络社群,等等。

因为人类的大脑容量有限,邓巴的研究表明更大的社会群体在适应方面的优势是部分大脑进化的驱动力。其他科学家也证实了我们更大的大脑主要是一种社会适应而非生态适应。我们追求复杂的社会关系并不是因为我们碰巧有一个更大的大脑,而是因为这些关系对于新皮质能力的进化发展至关重要。

这意味着无论是作为一个物种还是一个个体,社交上的成功对我们的生存都至关重要。然而,我们能够成功驾驭的社会关系数量是有限的。因此,要想在社交上取得成功,就必须了解自己的极限,并相应地投入时间。

邓巴确定了以下的群体亲密程度等级。请注意，每个群体都包含排在它前面较小群体的所有个体，并且每个数字都是在该等级可以维持的最大值。

- 5人：这是我们亲密关系的核心圈，是日常与我们相互支持的人，比如伴侣、家人、最好的朋友。
- 15人：这是我们亲密的朋友圈，这些人深深融入了我们的生活，我们完全了解他们的行为，即使不是每天见面。
- 50人：这包括我们的普通朋友和熟人，会偶尔一起出去玩，可能更多的时候是一群人一起，我们对他们的生活有些基本了解。
- 150人：这是能让你产生归属感的群体的规模，"是你能与之建立信任和义务关系的人数——打过一些交道，而不仅是知道名字、认识脸"[4]。
- 500人：包括朋友的朋友，你对他们有所了解，但不多，也不会一直保持交往、努力了解他们。
- 1 500人：这是上限，包括所有你能叫得出名字的人。

邓巴数字很有用，能提醒我们要顺应生理极限。大脑所能处理的维系社会群体所需的信息自有其限度。群体越大，消耗的脑力就越多，而脑力并非无穷无尽。此外，我们还经常进行成本/效益分析，会思考到什么时候继续增加社交努力会面临收益的递减。

据邓巴所说，150人左右就已经是极限，超出这个范围，我们就很难再记住每个人的身份，以及他们与别人的关系。如果要投入更多精力，我们的大脑可能就无法承受了。另外，虽然与科学研究关系不大，但与生活经验非常相关的一点是，任何类型的人际关系都需要投入时间来维护，而我们能为此投入的时间显然是有明确上限的。

1
新皮质是进化程度较高级的皮质，在脑半球顶层，2～4毫米厚，分为6层。与一些高等功能如知觉、运动指令的产生、空间推理、意识及人类语言有关。——译者注

2
Dunbar, Robin. "Neocortex Size as a Constraint on Group Size in Primates." *Journal of Human Evolution*. 22(6) 1992: 469–493.

3
《末日审判书》（Doomsday Book）是英王威廉一世下令进行的全国土地调查情况的汇编。——译者注

4
Krotoski, Aleks. "Robin Dunbar: We Can Only Ever Have 150 Friends at Most..." The *Guardian*. Guardian News and Media. March 14, 2010.

生物学

08 等级组织

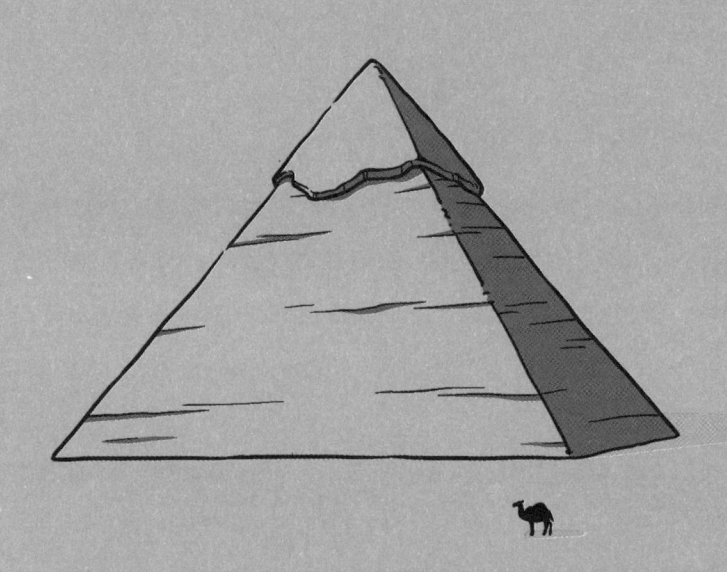

——
认清自己的位置。

等级制度在动物世界中随处可见，它是一种社会结构，其特点是生活在一起的个体之间存在线性或近似线性的支配等级。这类组织结构在狒狒和狼等社会性哺乳动物中最为常见，但在鸡、熊和海象中也有发现。在其他条件相同的情况下，等级制度随着时间的推移相对稳定，因为处于底层的个体知道并接受自己的地位，因此不会直接挑战上层群体。这种组织方式通常意味着争斗较少，秩序井然。

向上攀登

等级制度暗含着一种契约。群体中的统治者对其他成员负有一定的责任。具体包括："每天指引捕食、觅食；每天保护成员免受捕食者和其他危险的伤害；每天通过引导成员确定自身位置和角色、在冲突爆发时解决冲突，以及在出现违规问题时加强社会规范来维持秩序。"[1]。

第一个研究母鸡如何在群体中维护等级与和平的是挪威研究人员托里弗·谢尔德鲁普·埃贝。他发现，只有在已经建有等级制度的鸡群中，即每只母鸡都知道自己可以支配谁、从属于谁，和平才能实现。每只母鸡都能记住啄食顺序。他在实验中还发现，一只母鸡竟然能认出来自不同鸡群的另外 27 只母鸡。这表明，等级组织受到母鸡的尊重，并构成了它们生活方式的基础。

在黑猩猩群体中，"雄性首领通常不是因为身体强壮而赢得地位，而是因

---

[1] Heifetz, Ronald. "Leadership." In *Political and Civic Leadership: A Reference Handbook*. Richard A. Couto, ed. Los Angeles: Sage Reference, 2010.

为他领导着一个庞大而稳定的联盟。这些联盟在公开争夺首领地位的斗争中，以及在几乎所有日常活动中都发挥着核心作用。联盟成员会花更多时间陪伴彼此，分享食物，并在遇到困难时互相帮助"。

等级制度的弊端之一是处于底层的成员缺乏价值感。"例如，一只黑猩猩即便想出了更高效的采集方法，这种方法也可能仅仅因为其社会地位较低，不会得到其他成员的采纳。"

人类社会中的等级制度就像信息过滤器，使我们有可能错失良机和奇思妙想。我们的组织方式往往是基于自己对领导和权威的本能认知，有时这种方式是最佳的，有时则不然。如果不能满足我们的需要，无论是作为个人还是社会整体，我们都有能力做出不同的选择，追求更有益的价值观和优势。等级组织是我们获得自尊、地位和声誉的地方，也是我们专注于自身成长而非他人的前提。

人类等级制度的有趣之处就在于它的好处最初并不一定显而易见。很少有人会说自己喜欢等级制度，除非他们碰巧处于制度顶端。大多数人都讨厌听从父母、上司和政府的命令。等级制度会压抑创造力，它还给底层人民带来额外的压力，从而有可能抬高他们的死亡率，而制度顶层也承受巨大的压力，总是担心如何维持自己的地位。大多数组织倡导的文化都强调而非淡化个人的地位、权力和职位，这也是组织分崩离析的部分原因。等级制度在本质上必然是不平等、不公平的。

然而，等级制度所带来的益处显然足以抵消其弊端。在没有强加结构的情况下，人们有一种自发组织的本能。在那些号称结构扁平、没有上级的组织中，成员到最后往往身心俱疲，因为会不可避免地出现隐形的权力结构。哪怕是无政府主义运动，最后也会出现领导者。领导力很重要，单靠去掉"队长"或者"老板"的头衔并不能改变一个事实，那就是在更衣室或者董事会会议室里总会有一个人是主导者，所以不如还是问问我们希望这个人是谁。

如果无法避免等级制度，我们就需要承认它的存在，专注于以造福所有人的方式来构建制度，比如更强调集体的荣誉，而不是将荣誉赋予个人。关键是要意识到等级制度的存在并与之合作，而非对抗。我们要把制度当作工具，而不是被工具利用。

人人拥有位置，人人在其位置

柏拉图及古希腊另一位重要哲学家普罗提诺都认为，整个宇宙是按等级结构排列的。最底层是无生命的物体，比如鹅卵石或土壤，接下来是植物、动物，然后是人类。最后，上帝位于等级结构的顶端，高于宇宙中的其他一切。正如查尔斯·范多伦在《知识的历史》一书中所述，人类社会从一开始就被这种思想左右。人类可以被组织成一个等级体系，从最底层直到拥有最大权力和重要性的个人，这一假设一直是我们构建世界的方式中不可或缺的一部分。纵观世界古代文明，你会发现总有人站在顶端，一神之下，万人之上。此后，人们便利用柏拉图和普罗提诺关于等级制度的思想证明阶级社会的合理性。[1]

然而，人们在不同时期都曾反抗过等级制度。正如范多伦所述，历史上我们给予最大尊重的个人，尤其是宗教领袖，恰恰都是质疑和反对现存不平等的等级制度的人。当等级严重分化，只有少数人能从中获益时，情况尤其如此。法国大革命就是人们为推翻落后的等级制度而斗争的最具代表性的事例之一。

在法国大革命之前，法国社会被分为三个等级。第一等级主要包括天主教神职人员，负责管理天主教会，并承担其他一些职责，如向君主提供建议。他们不必纳税，有权收取什一税，还拥有土地。与其他等级一样，第一等级又被进一步划分为不同细分等级，巴黎和凡尔赛的高级教士与农村教区牧师的生活有着云泥之别。第二等级由继承爵位的贵族构成。与第一等级一样，他们无须纳税，但可以收税。

其他人都属于第三等级，约占人口的 96%～98%。第三等级的最高阶层是资产阶级，包括金融、医药、法律和贸易界人士，他们可以发家致富，只是不会获得政治权力或影响力。其次是平民、工匠和其他城市工人。最后是农民，他们在农场劳作，缴纳重税，基本没有任何权力或影响力。他们拥有土地，但不足以养家糊口。例如，在 1720—1729 年和 1780—1789 年，地租上涨了 142%，而农产品的价格却只上涨了 60%。[2] 大约

---

[1] Doren, Charles Van. *A History of Knowledge: Past, Present, and Future.* New York, NY: Ballantine Books, 1993.

[2] Mooers, Colin. *The Making of Bourgeois Europe: Absolutism, Revolution, and the Rise of Capitalism in England, France, and Germany.* London: Verso, 1991.

3/4 的农民拥有的土地还不到生存所需的最低限度，即 5 公顷[1]。在许多地区，至少有 1/4 的农民只有 1 公顷土地。

处于社会顶端的是国王，他拥有绝对的权力，其行为却几乎不受任何限制。这种被称为专制政体的权力体系在当时的欧洲盛极一时。不仅反对这种制度的言论十分危险，一些人甚至认为它有利于维持秩序，因而具有积极意义。值得注意的是，专制政体不同于其他君主制（如中世纪时期的君主制），因为国王并不分享他的权力。法国国王路易十四说出"朕即国家"这句话时，他一点儿也没夸张。除了国王和少数贵族，这个制度对每个人来说都是完全不公平的。[2]

在法国大革命期间，人们为建立一个没有严格等级划分、更加平等的社会而积极斗争。绝大多数法国人都生活在水深火热之中，一贫如洗、饥寒交迫，不享有任何权利。上层富豪肆意挥霍着税收收入，国债高企。对于绝对统治者可以垄断武力、不受限制的古老观念，人们开始心生质疑。他们意识到，社会等级制度乃人为主观设立，是可以被推翻的。平民百姓在巴黎夺取武器、使用武力手段，成功颠覆了等级制度。但让他们更头疼的是如何找到一种新的制度来取代旧有等级制度。

从君主制结束到拿破仑崛起的过渡时期，法国人民尝试过不同的等级结构和领袖，但无一例外全部以失败告终。以下是这些年的情况总结：

1　1 公顷合 10 000 平方米。——编者注

2　Davidson, Ian. *The French Revolution: From Enlightenment to Tyranny*. New York: W. W. Norton & Co. Inc., 2018.

1789—1815 年，法国大致经历了五个阶段。1789—1792 年，法国实行君主立宪制。在此期间，路易十六被视为暴君，于 1792 年被审判并斩首。这标志着法国大革命最激进时期的开始，又被称为恐怖时期。当时法国由罗伯斯庇尔[1]领导的公共安全委员会掌权。罗伯斯庇尔平息了内战，并对干涉革命的邻国发动了战争。17 000 名反对其政权的人惨遭斩首，另有 35 000 人被监禁，但 1794 年，罗伯斯庇尔本人也在一次政变中被送上断头台。

随后，法国由以资产阶级为主要组成的督政府掌管了 5 年。有趣的是，没过几年，旧的等级制度又死灰复燃。拿破仑在 18 世纪 90 年代末掌权后，恢复了君主专制政体，尽管他没有自称国王。他于 1799 年夺取政权，并于 1804 年加冕称帝，毫无革命性可言。拿破仑拥有绝对的权力，不受任何监督和制衡，而他维持权力的方法就是暴力镇压一切异己。

在大革命后的法国，等级制度并未消失。相反，拿破仑建立了一种更多基于能力而非阶级的制度，尽管时至今日，人们对于任人唯贤是否可能，或真正的任人唯贤是什么样子仍然莫衷一是。此外，拿破仑认为法国处于欧洲国家的最高等级，因此力图使其他国家俯首称臣。这是民族主义的起源之一。民族主义即认为本国优于其他国家，必须不惜战斗以实现领土扩张。后来拿破仑被英国打败，于 1815 年被流放海外。

---

[1] 马克西米连·罗伯斯庇尔（Maximilien Robespirerre, 1758—1794），法国律师、政治家和革命家。法国大革命是一个动荡不安、混乱不堪的时期，很难从中找出最重要的一个事件和时期。然而罗伯斯庇尔无疑是大革命的主要参与者之一，他是雅各宾俱乐部的主席，随后又是国民公会巴黎第一代表。他领导了废除君主制、处死国王的行动。

因此，1789—1815 年，法国的等级制度不断受到冲击，不同团体和个人都试图夺取和维护权力。法国大革命的教训之一就是颠覆等级制度会造成不稳定，许多人都会想方设法影响制度的更替。新的等级制度可能会有不同的规则和不同的角色，但它仍然是一种等级制度。在新秩序的建立中生存下来绝非易事。

以塔列朗[1]为例，他"不断重塑自我，以搭乘法国政治的过山车"。塔列朗参加法国大革命时是卢瓦尔河谷地区欧坦教区的主教。在局势逐渐失控时，他流亡海外。1797 年，他回到法国，成为督政府的外交部长，随后在拿破仑统治时期留任。但在 1807 年，当拿破仑的勃勃野心开始令人担忧时，塔列朗转而反对皇帝。1814 年，在路易十八短暂统治期间，他作为外交部长代表法国参加了维也纳会议的和平谈判。在不断变化的等级制度中，塔列朗找到了一种保持地位的方法，因而始终如鱼得水。

法国大革命的另一个重要启示是，在思考我们希望生活在什么样的等级制度下时，值得一问的是，我们的等级制度将产生怎样的领袖？

我们对等级的本能并不总能让我们拥有最高效的组织来应对挑战。萨姆·沃克在《执行层领导力》一书中谈到运动队时表示，表现最好的队员并不是最好的领导者。我们似乎希望领导者是表现最出色的人，用他们酷炫的技巧让我们眼花缭乱，为之倾倒。[2] 沃克写道："那些自荐担任领导职

1　夏尔·莫里斯·德·塔列朗-佩里戈尔（Charles Maurice de Talleyrand-Périgord，1754—1838），法国政治家、外交家。就像罗伯斯庇尔一样，要讨论法国大革命，一定绕不开塔列朗的影响。他在法国政府担任过一系列重要职务，塔列朗是一个变色龙式的人物，能够适应各种政治体制。

2　Walker, Sam. *The Captain Class*. New York: Penguin Random House, 2017.

务的人往往急于吹嘘自己的能力,而我们这些决定(由谁领导)的人往往会被他们的个性左右。"例如,领导者之所以上位,是因为在竞争职位过程中展现了自己的能力,比如力量、智慧。这意味着领导者只是最强大的选手,就像罗伯斯庇尔或拿破仑一样。他们技能突出,足以赢得统治权的竞争,却未必是最擅长执掌权力的人。也许其他人具有某些优势,更适合这个职位,但因为这些特质对竞争过程本身没有帮助,所以当选者并不具备这些特质,而这对整个等级制度非常不利。其结果是,我们选出来的领导者实际根本不具备领导能力。

法国大革命的重点是结束专制政体,但随后绝对权力的回归和民族主义的兴起对于我们对等级的本能有很大启示。人们无法彻底摧毁等级制度,只能以新的形式取而代之。因此,这里的一个教训就是,在任何组织的发展和领导过程中,允许等级本能的存在至关重要。

"地下"等级制度

在生死存亡之际和战斗中,等级制度至关重要。在这些场景中,我们会本能地渴望领导力。在生死攸关的混乱情形,牧羊犬会奇迹般出现来牧羊。即使是在结构尽可能扁平化的美国特种部队中,一到战斗或时间紧迫的情况,等级决策会立即出现并取而代之。

等级制度是如何形成和瓦解的?大致有两个因素——生物促进因素和文化制约因素,这两个因素影响着我们如何表现对等级的倾向。为深入了解这两个因素,不妨看看 2010 年智利北部科皮亚波市发生的一起矿难,当时圣何塞铜金矿出现塌方，33 名矿工被困在 700 英尺深的地下。

矿工们完全与世隔绝，内部环境恶劣，炎热、潮湿、黑暗。矿井不稳定，碎片和岩石不断落下。他们撤退到井下的一个安全区，但食物仅够 10 名矿工吃 2 天。

路易斯·乌尔苏亚是值班长，这一职位自然而然赋予了他权力，他"拥有正式的领导地位，因为在智利的采矿文化中，值班长拥有绝对的权威"[1]。不过，乌尔苏亚在圣何塞矿工作还不到 3 个月，还没来得及与团队成员熟络起来，以巩固头衔所暗含的权威。在这个小小的权力真空中，另外两名矿工马里奥·塞普尔韦达和马里奥·戈麦斯"召集所有矿工探索逃生路线，并向救援人员发出信号"。虽然这二人可能具备领导者的特质，但由于没有矿井文化认可的权威，他们还是无法在等级制度的顶端占据一席之地。因此，在矿难发生的最初 24 个小时内，"大多数矿工都觉得自己不必听命于任何人"，"都三五成群，与矿里的亲戚或者老友待在一起"。

我们对等级制度和领导力的渴望，在生死攸关的情况下表现得最为明显。这种渴望一定会出现。对智利的矿工来说，在第 2～5 天，团队中一位有牧师经验的人开始发挥精神领袖的作用。他们通过民主程序来决定食物分配和如厕规则。马里奥·塞普尔韦达显然具有天生的领导本能，但他在依照本能行事时也不忘利用所处的文化环境。他敦促大家"尊重乌尔苏亚，并建议如果乌尔苏亚愿意领导，所有矿工就应该接受；如果不愿意，

---

[1] Edmondson, Amy C., Faaiza Rashid, and Herman "Dutch" Leonard. "The 2010 Chilean Mining Rescue A + B." Prepared as a case study for Harvard Business School, 2010.

他本人愿意担此重任"。领导力不可或缺，不仅是完成任务的前提，也能给集体带来安抚。

到了第5天，"一整天下来，矿工们对乌尔苏亚和塞普尔韦达都给予了更多的权力和尊重。戈麦斯也因其经验和智慧而广受尊敬。塞普尔韦达开始根据矿工的技能、经验和心理素质分配具体任务"。优秀的领导力就是以集体利益为重。萨姆·沃克在《执行层领导力》一书中得出的最违反直觉的结论之一是："谈到竞争，大多数人都认为团队的领袖就是在危急时刻力挽狂澜者。"然而，事实并非如此。沃克关于何为"优秀队长"真正品质的结论同样适用于智利矿工的情况。"伟大的队长会尽可能在团队面前放低姿态，以赢得道德权威，在困难时刻可以拉大家一把。站在后面给别人传球的人看起来像个仆人，但这个人实际是大家最依赖的人。事实证明，最简单的领导方式就是服务他人。"塞普尔韦达支持乌尔苏亚的领导地位，很可能就是在尽己所能服务于集体的利益。

初期形成的等级制度一直维持到第17天。在此期间，矿工每36个小时才能分到一口食物，大家普遍对救援工作失去信心、倍感绝望。希望渺茫，但等级制度还是达到了维持秩序、最大化生存概率的目的。

到了第18天，第一口探井终于打通，直达矿工所在的安全区。通道狭小，不能过人，是用来向井下输送物资的，包括食物、医药用品、家属信件和一台电视机。此时，33名矿工形成的等级制度开始瓦解，因为金字塔出现了新的顶端。控制权转移到了地面上的救援人员手中。矿工不再只对彼此负责。"关于看哪个频道的争吵时有发生"，"随着矿工开始意识到这起矿难受到的广泛关注使他们都成了名人,纪律性连同谦恭一起直线下降"。

随着时间的推移,在他们孤立无援、担惊受怕时用以维持秩序的等级制度逐渐消失。矿工开始讨好医生和媒体顾问,希望争取到更多关于亲人的消息。一些矿工开始在通信中收到家人寄来的药品,改变了矿工之间的关系和相对地位。不过,等级制度并未完全消失。他们仿佛被两个不同的等级制度来回拉扯,一个是让他们走到今天的地下等级制度,另一个则是提供救援希望的地上等级制度。他们在地下度过了60天,"矿工的行为……在两个极端之间摇摆不定,前一秒还翻脸争吵打闹,后一秒就又承诺要做一辈子的好兄弟"。

救援开始于第70天。矿工被一个接一个地救出,乌尔苏亚最后一个升井。他们表达了集体离开矿井的愿望,于是最终在全世界的关注下一同离开了圣何塞铜金矿。

结论

等级制度是一种核心本能。我们可以不断完善制度,让它为我们所用,但很难完全摒弃它。在工作中,似乎无领导的环境要比有着糟糕领导的环境更加危险。然而,凡事皆有度。等级制度过于严苛也会招致动荡和不稳定。大多数组织倡导的文化都重视而非淡化个体的地位、权力和职位,这也是组织分崩离析的部分原因,争夺金字塔顶端的斗争过于激烈,甚至不惜以组织的成功为代价。所有人都在寻找领导者,包括我们自己。

身份的象征

在某种程度上，时尚的发展史就是一部人类建立和协商社会等级的历史。我们的穿着向他人传递了有关身份地位的信息。在《美之为物》一书中，南希·艾科夫这样评价杂志："它们所展示的时尚与最美丽的鸟羽或最悦耳的鸟鸣一样，都是社会竞争的产物。"对时尚的思考揭示了人类等级制度中持续存在的矛盾：一方面，我们很享受得以迅速将人按等级划分的便利，我们能利用他人的衣着推断出其在社会中的财富和权力地位；另一方面，我们又总因自身所处等级地位的限制而感到恼火。生理上的限制实属无可奈何，但你肯定不愿意因自己的穿着打扮而受到限制。

尤瓦尔·赫拉利指出："等级制度具有重要作用，让完全陌生的人知道如何对待彼此，而无须浪费时间和精力去相互熟悉。"在不同的时间和地点，时尚的等级制度由禁奢法令加以规定。法令往往是强制执行的——倒不是执法层面上的，毕竟难度太大，而是社会意义上的。如果你的身份意味着不能穿紫色，而你却从头到脚穿着紫色出现在朝堂之上，那你就冒了天下之大不韪。你也许不至于被逮捕，但可能会被同僚冷落，被上级嘲笑，从此被列入社交场合或商业机会的黑名单。因此，禁奢法令意味着你可以轻易定位他人的社会阶级，并依此对待他们。更有甚者，一些标志的存在仅仅是为了传达这种地位信息。在伊丽莎白时代，蛀牙是一种时尚，因为它表明一个人买得起糖，而过长的指甲则表明一个人不需要工作。

当然，等级制度是动态的，对金字塔顶端的争夺永无止境。时尚和配饰的成本高昂，这使得等级较低的人很难通过消费实现阶层跨越。丝绸、黄金、白银、宝石……这些长期以来公认的"奢华饰品"，总是将那些买得起的人置于"金字塔的顶端，将富人与穷人区分开来"。利用各种商品的成本壁垒，可以轻易建立和界定社会等级，这种方法古已有之。上层阶级还通过穿着完全不适合劳动的服装来彰显地位，体现他们整日纸醉金迷、锦衣玉食。"查理大帝拥有800副精美的手套，而在当时，手套还很难生产和清洁。"诚然，在这一点上，世界并未发生太大改变，地位仍然经常通过时尚来体现。标签、面料、西装或卫衣的剪裁都能传递很多信息，不过还是有些许微妙之处。譬如，尽管奢侈品在某些情况下仍然是地位的象征，但没来由的穿着邋遢反倒也是一种彰显身份的方式。衬衫带汤渍的学者、穿着破旧牛仔裤的首席执行官、身着运动服的亿万富翁……他们借此告诉世人,自己地位稳固,不再需要华冠丽服来加以佐证。在很多情况下,穿着"有助于我们处理与外部世界的关系,给我们带来舒适和庇护"。

1
Etcoff, Nancy. *Survival of the Prettiest:* The Science of Beauty. New York: Doubleday, 1999.

2
Thomas, Dana. *Deluxe: How Luxury Lost its Luster.* New York: Penguin, 2008.

老板 vs. 领导

权威和领导力之间存在细微差别。处于等级制度顶端的人拥有权威,人们期望这些人利用权威来解决问题并应对等级制度带来的挑战。但正如罗纳德·海菲兹在《领导力》一文中所述,我们很容易想到一些例子,很多人拥有很大的权力,但实际并没有领导能力,或者在危急时刻拿不出解决方案,也有很多人表现出很强的领导力,却没有任何权力。

生物学

09 激励

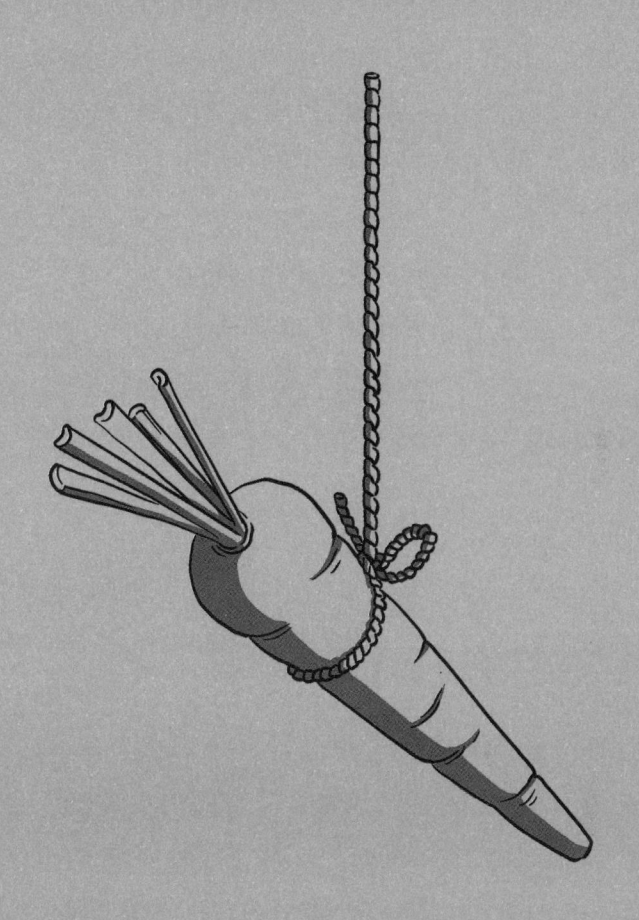

———
塑造行为。

激励机制塑造了所有动物的行为。我们都有趋利避害的本能，会朝着能获得奖励的方向前进，也会积极采取措施避免惩罚。在明知有激励时，人类会改变自身行为以获得利益；同样的机制也会促使我们绕过所感知到的不利因素。然而，识别和响应激励的能力是我们与生俱来的生物本能。因此，它对我们行为的影响并不总是理性的。在评估激励的价值时，我们往往会受到自尊心、个人叙述和生理状态等偏见的干扰。

> 在可以利用激励的力量时，
> 就千万不要再想别的办法了。[1]
> ——查理·芒格

行为矫正

行为是对内部或外部因素的响应。多项研究表明，不论是老鼠还是人类，持续但不频繁的奖励要比一直给予奖励更能产生明显的行为变化。

老鼠知道，按下某个操作杆有时会出现食物。虽然总是同一个操作杆，但食物不是次次都有。在同样是停止食物供应的情况下，相比按压后一直稳定出现食物的操作杆，老鼠尝试按下不规律供应食物的操作杆的总计时间会久得多。

---

[1] Munger, Charles. *Poor Charlie's Almanack*. Peter D. Kaufman ed. Missouri: Walsworth Publishing Company, 2005.

我们的行为会因实际奖惩和我们对它的感知而发生改变。如果我们所做的事情带来了好的结果，那么只要预期会再次拥有这种好的结果，就会激励我们重复这种行为。负面经历也是如此，只要有可能再次遭到惩罚，我们就会想要避免类似的情况在未来发生。

储存脂肪或食物等的能力使我们得以灵活应对激励。货币可被视为一种储存形式——所有潜在的购买力都被攒着留待日后购买商品。"也许人类社会最伟大的经济创新就是发明了货币。作为一种可交换的商品，货币储存了买卖货物的能力。"这就是货币的部分激励作用。你可以自己选择怎么花、什么时候花，而存钱就意味着你不会脆弱到不得不疲于应付每一个哪怕微不足道或者带有风险的激励。

发现并强化特定的激励可以改变我们的行为。就像帮助大象建立记住如何及在哪里能找到远离栖息地的水源的机制一样，我们在获得奖励时也能建立新的神经通路。不确定的奖励也可能有利于生存。基于对赌博或顾客忠诚计划的研究，研究人员推测，人们对于不确定的激励有一定的容忍度，因为我们对新事物的尝试在最初几次往往都会失败。

激励机制的阴暗面是，有时追求欲望会改变大脑结构，使这些欲望成为必需。这在药物成瘾的研究中得到了证实。在因为飘飘欲仙的感觉而反复寻求激励（刺激）之后，大脑不再因吸毒本身的感受而寻求激励（刺激），而是因为获得毒品已经超越吸毒本身，成了快乐的源泉。因此，激励也会对我们的生理产生巨大的影响。

短期激励的长期影响

激励面临的主要挑战之一是它们无处不在——我们的需求、欲望、短期利益和长期目标皆为激励。一项基本调查发现，在延迟满足和及时行乐之间，人类通常无法优先选择前者。

正如亚里士多德在 2 000 多年前所指出的，这是民主国家面临的一个问题。尽管民主政体在政治上极具吸引力，但从根本上说，民主国家的数百万公民在治理决策上都是从自身利益出发，而驱动这些利益的往往都是带来即时回报的短期激励。

选民希望听到的是能对他们的生活产生直接、积极影响的政策，大多数人对那些在数年甚至数代人之后才会产生明显益处的政策兴趣寥寥。正如尼尔·弗格森在《文明》[1]一书中所述："我们爱自己的孙辈，但曾曾孙辈则隔得太远，很难产生感情。"[2] 政客们别无选择，只能顺应短期思维的激励，否则就无法获得选民的支持。因此，他们会在政治纲领中强调一旦当选就会奇迹般出现的好处。由于一般而言任期较短，任何人都很难在任期内做出重大的积极改变。他们周围充斥着快速的反馈循环，依赖于立竿见影的成效——较短的选举周期、频繁的民意调查、时刻更新的媒体报道及社交媒体上的即时讨论，其结果是政客几乎没有动力去思考当前选举周期以外的问题。

1　Ferguson, Niall. Civilization: The West and The Rest. New York: Penguin, 2011.

2　本书中文版《文明》已由中信出版集团于 2012 年 1 月出版。——编者注与此类似，上市公司所受的激励使其为了在季度报告中展现高额利润不惜牺牲长期的增长。首席执行官的短任期和高奖金造成了激励的扭曲，因此，公司不太可能投资于随时间累积会产生复利的改进措施。例如，许多公司认为有必要紧跟市场的每个最新趋势，以吸引客户的注意力，这就导致企业始终在小修小改的泥潭里打转，而不是专注于打造经典、永不过时的产品和服务。

一些大型机构的预算制度无形中鼓励了挥霍无度的行为。那些预算用不完就会被收回的联邦机构在财政年度最后一周的平均花费达到其总预算的8.7%，几乎是通常每周支出的 5 倍。[1] 此外，最后一周资助的项目被认定为低质量项目的可能性是全年其他时间段项目的 2～6 倍。此外，管理人员的浮动工资也往往与预算支出挂钩。

激励机制具有强大的影响力，就像池塘里的涟漪一样，会产生连锁反应。政治和商业领域的短期激励影响着我们生活的方方面面。要想改变制度就需要改变激励机制。

受激励操纵

我们很容易受到激励的影响，无论激励是来自金钱、声望还是权力。危害最大的是完美契合我们自身"人设"的激励。没人愿意被当作坏人，因此我们常常会刻意扭曲事实，以证明我们追求某种激励的行为无可厚非。

---

[1] Belsie, Laurent. n.d. The National Bureau of Economic Research. Accessed August 12, 2019.

统一激励

领导团队的挑战之一是统一激励。如何让人们朝着同一个方向前进，而不被眼前的报酬所蛊惑？2 000 多年前，孙子曾这样描述优秀的领导者："帅与之期，如登高而去其梯。"[1] 主帅给部属下达命令，就像让他们登高后抽掉他们的梯子那样。如果无路可退，动力就是团结一致向前走。

Sun-tzu. *The Art of War*. Translated by John Minford. New York: Penguin, 2002.

沙利度胺这种药物的背后有着一段惨痛的历史。20世纪50年代，联邦德国一家制药商发现并开发了这种药物，并将其作为镇静剂和止吐药广泛销售，最终导致数千名婴儿死亡和畸形。这个故事揭示了激励机制的许多微妙之处。

沙利度胺最初由格兰泰制药公司生产，是一种"没有任何副作用的药"，因此，在动物和人体身上进行的首批实验实际是为了找到它能治疗的疾病。科学家使用任何剂量该药都没能杀死老鼠，也没有在任何动物身上观察到副作用。由此，他们得出结论：这种药物完全无毒。尽管仍然不知道人类可以用它来治疗什么疾病，但这些最初的动物试验结果奠定了他们一贯的信念，即这种药物不会伤害任何人。

随后，格兰泰制药公司开始向医生免费发放样品。当时并没有我们现在熟知的那种临床试验。可以说，药物的最初使用者就是临床试验参与者。沙利度胺很快投产上市，患者在不知情或未同意的情况下被当作"小白鼠"。普通民众成了实验对象。

正如特伦特·D. 史蒂芬斯在《黑暗疗法：沙利度胺的影响及其作为重要药物的复兴》一书中所述，这种药连老鼠都杀不死，所以格兰泰认定它肯定是安全的。该公司开展了大规模的营销活动，将其作为镇静剂出售，还与其他国家的制药商合作，将它推向了全世界。在大多数国家，这种药物无须处方便可购买。医生经常收到证实药物安全性的营销信息，然后再把

1　Stephens, Trent D. *Dark Remedy: The Impact of Thalidomide and Its Revival as a Vital Medicine*. Cambridge, MA: Perseus Publications, 2001.

这些信息传递给患者。在沙利度胺这个通用名下有多个商品名，每个厂商都保证药品就像阿司匹林一样温和、有效、无伤害。

然而，事实并非如此。渐渐地，不同国家的医生都开始注意到沙利度胺的副作用，因为患者唯一的共同之处就是都服用了沙利度胺。首先是手脚的永久性神经损伤，其次是健康母亲的胎儿出现严重的先天缺陷。

越来越多的研究表明，沙利度胺会导致严重的胎儿畸形。婴儿在出生后往往无法存活，哪怕幸存下来，也会落下残疾，痛苦不堪，最常见的就是肢体畸形。为此，格兰泰加大了营销力度，质疑讨论沙利度胺危害的医学文章，还抨击文章的作者。

在随后的几年里，格兰泰制药公司从未承认过任何错误或不当行为。所有销售沙利度胺的制药商都通过庭外和解进行了赔偿。没有任何一家公司因销售药物时未经核实便声称"孕妇可放心服用"而被追究刑事责任。

要了解这一切为何会发生，可以从激励机制的角度来看待。

正如你想的那样，在沙利度胺上市的整个过程中都存在经济激励。发现这种药物的团队负责人从销售利润中赚取提成。沙利度胺非常畅销，全球镇静剂市场巨大，在一些国家，沙利度胺甚至一跃成为销量第二的药物。

药企与格兰泰的合作背后也受经济利益的驱动，这意味着他们可以"免去研究、开发和试验的成本"。而对格兰泰来说，由于没有进行适当的人体临床试验，它节省了一大笔钱。

沙利度胺作为镇静剂的主要竞品是巴比妥类药物，这类药物具有副作用，因此医生推荐沙利度胺的一个动机是据说它比其他药物安全。

制药公司定期给开这款药的医生支付回扣，甚至为他们代写实验文章。这就产生了更多的激励：首先是吃回扣的经济激励；其次，一旦他们为某种药物背书，他们就有了继续捍卫这一药物的动机，即维护自身的名誉。

在后来的刑事审判和民事诉讼中，许多制药公司高管指出，他们的法律和道德责任是对股东负责。以派发高额股息的形式取悦股东，远比公平补偿受害者重要得多。

沙利度胺事件的一个奇特之处在于它从未获准在美国销售。理查森·梅里尔公司获得了在美国市场的分销权，然后便开始向美国食品药品监督管理局（FDA）申请许可。1960 年的药品审批程序与今天有所不同。FDA 负责评估所有新药的安全性和有效性，这是它于 1938 年在另一起药品酿成悲剧后获得的权力。[1] 但他们的工作往往集中在药品上市之后，上市前的测试和评估所受监管较少，容易被操纵。

对理查森·梅里尔公司来说不幸，但对全美人民来说幸运的是，弗朗西

---

[1] Hager, Thomas. *The Demon Under the Microscope*. New York: Harmony Books, 2006.

斯·凯尔西博士[1]刚开始在那里工作。多年的研究经验让她为缺乏证据证明这种药物的安全性感到忧心忡忡。无论是理查森·梅里尔还是格兰泰,对于怀孕期间服用该药对母亲和胎儿皆无大碍的说法,都拿不出任何支持文件。凯尔西博士认为,企业不可能已经通过研究证明了沙利度胺不会穿过胎盘屏障作用于胎儿。于是她竭尽全力拖延审批,多次以申请材料不完整为由将其退回。她后来解释说,她对批准这种药物的积极性很低,因为它不是救命药。拖延战术卓有成效,她得以将沙利度胺拒于美国市场之外,直到有关其可怕影响的报道广为流传,各国纷纷将其下架。

> 激励是一颗子弹,也是一把钥匙——身形虽小,能量惊人,有着足以扭转乾坤的力量。[2]
> ——史蒂芬·D. 列维特和史蒂芬·J. 都伯纳

激励机制为何让人们仿佛失去理智一般?为何让正常人明知有违道德依然一意孤行?鉴于许多制药公司高管和医生从未承认沙利度胺造成了如此可怕的后果,有必要对激励的力量进一步加以解释。

最初的经济激励不难理解。金钱人人都爱,因此它是一种常见的激励机制,处处塑造着人们的行为。但光有金钱往往不够,如果你问别人是否会为了金钱伤害成千上万的孩子,大多数人的回答都是否定的。因此,要想了解激励的真正威力,就必须研究它们所创造的心理条件。

---

[1] 弗朗西斯·凯尔西博士(Dr. Frances Kelsey, 1914—2015),加拿大裔美国药理学家、医生。凯尔西是医学史上的一位英雄人物,她在 FDA 的工作帮助挽救或改善了无数人的生命。特别是她帮助发现了沙利度胺的致畸特性,确保其退出美国市场。在她的影响下,FDA 对新药的审批实施了更加严格的标准。

[2] Levitt, Steven D., and Stephen J. Dubner. *Freakonomics*. Rearsby: Clipper Large Print, 2007.

人类讨厌认知失调,即"一个人持有的两种认知(想法、态度、信念、观点)在心理上相互矛盾的状态",我们会通过自我辩护来缓解这种失调。就为药品背书的激励机制而言,潜意识的思维过程可能是这样:"我是个好人。我支持这种药。好人是不会支持一种有害药品的。这种药品不可能有危害,因为我是个好人。"我们看不到具体的思维过程,因此虽然得出了药物没问题的结论,却无法窥见得出结论的"心理建设"过程。

卡罗尔·塔夫里斯和艾略特·阿伦森认为,医学界的激励机制导致了认知失调。[1]"医生和科学家一样,都相信自己正直无私,不会被轻易收买。然而,每当医生接受红包或者其他好处以进行某些检查和手术,将一些病人引入临床试验,或者开出并不比旧药更好或更安全的昂贵新药时,他们都在平衡病人的福祉与自身的顾虑。"[2]

安德鲁·韦克菲尔德[3]作为主要作者曾在《柳叶刀》上发表一篇论文,声称发现了疫苗与孤独症之间的正相关性。这篇文章后来被证伪,但其造成的影响已然不可挽回,疫苗接种率的普遍下降导致了本可以避免的死亡。最终论文被撤回,但他没在撤回声明上签字,为什么?

韦克菲尔德(与其文章内容)存在"利益关系,却没有向期刊披露:他代表为孤独症儿童家长打官司的律师进行研究。韦克菲尔德获得了 80 多万

---

[1] Tavris, Carol and Elliot Aronson. *Mistakes Were Made (But Not By Me)*. Boston: Mariner Books, 2008.

[2] 本书中文版《错不在我》已由中信出版集团于 2014 年 1 月出版。——编者注

[3] 安德鲁·韦克菲尔德(Andrew Wakefield, 1957—)。英国反疫苗活动家和前医生。韦克菲尔德在发表了一篇声称疫苗与孤独症之间存在联系的论文后声名鹊起。虽然这篇论文很快被证明是出于经济利益的欺诈行为,韦克菲尔德也因此被吊销了行医资格证,但它引发了一场声势浩大的反疫苗运动,其灾难性影响一直延续至今。

美元的报酬，负责为采取法律行动找到依据"。塔夫里斯和阿伦森表示："与真正独立的科学家不同，他没有动力去寻找证明二者之间相关性不成立的证据，反而有动机忽视其他解释。"

这就是了解激励的力量既关键又棘手的原因所在。接受最初的金钱激励会产生一种心理状态，使得我们想要极力维护激励背后的"金主"，从而证明我们接受激励的合理性。

对公众来说，更大的危险来自善意的科学家和医生的自我辩护。出于减少认知失调的需要，他们打心眼里认为自己不受资助企业的影响。然而，就像植物向着阳光一样，他们也会向着赞助商的利益，却对此浑然不觉。

倘若意识不到引导自身行为的激励因素，我们有可能做出违背自我意愿的事情。同样重要的是，要意识到他人是如何激励我们做出有违自我意愿和价值观之事的——就像那些因为金钱强大的诱惑力而出售沙利度胺的人一样。如果能意识到这些激励的存在，我们就能识别出所有不怀好意的影响因素，转而将重心放在我们真正重视的事物上。我们或许会受到金钱、名声和权力等奖励的驱使，但可能真正看重的是造福全世界，以及诚实善良的品质。如果激励有违我们的价值观，那就不必盲目追随。

结论

思考影响我们选择的真正动机裨益良多。我们常常告诉自己，我们的动机是出于善意，或者做正确的事，但其实我们是受到了奖励的诱惑。人类面对的一个问题是，我们很难为未来的满足感和回报而拒绝眼前利益带来的快感，比如吃糖或者银行账户里的意外之财。相反，我们做出的选择往往会带来长期的负面影响。

一个甜甜圈可能会即刻带来能量的奖励，但持续多年每天一个甜甜圈则会导致长期的健康问题。为最大限度地满足当下需求而做出的选择，往往会导致未来的回报减少。因此，不妨根据你想要的最终回报来做出选择，并从激励措施能否帮你实现这一目标的角度来评估它，这会很有帮助。

了解激励对我们的作用机制可以让我们不那么容易被操纵。广告商深谙我们何时最为脆弱，他们会巧妙利用这一点，以满足我们短期快感的激励对我们狂轰滥炸。适当屈服倒也无妨。比如恰逢你饥饿难耐，而那些甜甜圈又让人垂涎欲滴，无法抗拒。然而，在充斥着各色激励的日常生活中，我们需要格外关注它们给所有人带来的影响。

来自不确定性的驱动

人类也会受到不确定性的强烈驱动。在某些特殊情况下，我们会发现追求可能的回报要比追求确定的回报更具吸引力。为什么？因为它往往更具刺激性，而这本身就是一种激励。想象一下每周六和朋友们聚在一起下棋。大量研究表明，我们如果知道自己每次都会赢，那就不会再继续下了。赢是一种乐趣，确定能赢则不然。

不过也有例外，那就是当结果的价值大于过程的价值时。打牌赢了朋友并不会改变你的人生，因此在游戏过程中享受乐趣要比确保获胜更具吸引力。相反，要是赢来的奖金足以让我们辞掉工作，环游世界，那我们肯定每次都会选择获胜。

生物学

10　最小化能量输出的倾向

———
最省力原则。

所有生物都需要能量来实现日常功能，包括睡眠。久而久之，物种已经发展出不同的机制来提高能量效率。生物保存能量的倾向可以确保它们留有余力以备不时之需。但对人类来说，我们对此必须慎之又慎，确保能量输出最小化在提高效率的同时，不会导致懒惰。

存起来

世界上存在许多冷血动物，由于没有维持体温稳定的生理需求，它们无须为此消耗能量，因而得以将省下的能量用于其他活动。例如，有些海龟因为具备忍耐极端温度的特点，可以在非常寒冷的水底过冬而一动不动。它们在冬眠时还具有引导血液流向重要器官的强大机制。此外，其先进的能量储存能力可以在环境中缺乏营养时派上用场。

鲨鱼皮是生物能量效率的又一生动体现。其皮肤附着有向后的鳞片，可以减少水的阻力。随着鲨鱼的波浪式运动，这些鳞片能使其以惊人的速度高效游泳。生物在应对环境中重复出现的要求时，如果能提高效率，其生存潜力就会显著增加。对大多数生物来说，改变的代价高昂。比起尝试可能会失败的新事物，最终浪费能量甚至危及生存，继续走过去能确保生存的老路可能更为容易。尽量减少能量输出的本能会导致我们抗拒改变或冒险。这一模型可以帮助我们更好地理解自己本能的思维倾向，以及我们的运动规律是如何影响周围的物理环境的。

懒惰的大脑

人类和其他物种一样，都会尽量减少能量输出，而且较之更甚。我们的大脑已经发展成为一个能量缩小器，其他身体部位亦是如此。

心理学家用一个词来描述我们思考问题的效率机制——启发式。在做决策时，无论大小，我们都会使用从长期经验中总结出来的捷径。就好比在下国际象棋时，我们不会考虑 1 000 万种不同的走法，而是迅速选择最有可能成功的两三种。

决策具有"认知负荷"，即需要耗费脑力。花时间分析 1 000 万种走法需要付出巨大的努力，耗费大量的精力。我们不可能每次都为了做出最优决策就停下手头所有的事情。

启发式是一种捷径，因此花费的精力更少。其结果可能并不总是最好的（通常都不是），但对我们所处的情况来说，往往都已经足够好。在一个被称为"满足"的过程中，我们经常会在大脑中搜寻能满足我们最低可接受条件的第一件事。这样做可以节省时间和精力，但并不意味着我们能得到最好的结果。

有些启发式是根据以往的经验发展起来的。如果先前的经验本身相互连贯，这种情况下的启发式最为可靠。在环境稳定、接触频繁（样本量大）、反馈及时且明确的情况下，启发式更有可能准确无误。

小道

穿过森林和田野、积雪与碎石，想抄近路的人们用脚开辟出了一条条道路。我们倾向于减少能量输出，这也就意味着我们并不一定会遵循业已设定的路径。有时，这些小道会无意中导致敏感植被遭到践踏，或者造成其他环境破坏。但有时，城市或公园规划者又会利用行人踩出的小道引导交通或设计周边设施。倘若设计和规划师没有考虑到我们最小化能量消耗的本能，那么最终设计出的空间就会有碍活动，我们便只能自己另辟蹊径。

人们解决问题的方式首先是获得大量的常识性知识，比如5 000万个故事或条目，然后通过某种未知的系统，在这5 000万条已有知识中找出5～10个似乎与情况最为相关的故事。这就是类比推理。[1]

——马文·明斯基

1　Kruglinski, Susan. "Discover Interview: Marvin Minsky." *Discover Magazine*. January 13, 2007.

例如，加里·克莱因在研究中证明了消防员在工作过程中快速决策的准确性，分析了这种准确性如何随着时间的推移而不断提高。[1] 火灾受化学和物理学定律的支配，因此有其固定的规律。消防员接触火灾的次数越多，积累的知识就越多，从而在未来的火灾中凭借直觉做出正确的决策。

以前的经验越不可靠，比如过于复杂，无法确定真正的因果关系，或者经验依赖的样本容量太小，启发式的价值就越小。临床治疗也有这个问题。由于医疗的特殊性，很难立即得到治疗效果的反馈。情况好转可能是多种因素所致，甚至只是简单的均值回归。治疗过程的保密性和持续时间较长的特点，使得医护人员很难通过大量样本积累经验。

还有一些启发式似乎是大脑运转的固有方式。其中最著名的是锚定、可用性和代表性启发式，丹尼尔·卡尼曼和阿莫斯·特沃斯基对此进行了广泛研究，证明这些启发式基本是人类大脑与生俱来的。它们就是我们做事的方式，即便往往无效且充满偏见，这一点也不难证明。

在《思考，快与慢》一书中，卡尼曼还提到了情感启发式："人们通过自己的情绪来做出判断和决定，扪心自问：我喜欢它吗？讨厌它吗？对它的感受有多强烈？"卡尼曼认为："情感启发式就是一种替代法，将对一个简单问题（我对它的感觉如何）的回答作为对一个更难的问题（我对它的看法如何）的回答。"回答简单的问题未必是坏事，用情感反应代替思考反应是迫于无奈。我们必须做出反应，并且相信自己的反应，才能处理好

---

[1] Klein, Gary. "Insight." *Thinking*, ed. John Brockman. New York: Harper Collins, 2013.

一天中发生的事情。大脑之所以会选择情感反应，是因为弄清自己的感受要比透彻了解事实容易得多。这么做通常很有帮助，因为能让我们花最少的精力去做无关紧要的决定，比如根据对气味的喜好选择洗衣粉品牌。然而如果我们能多花点儿精力去回答"我们对某事的看法"这一更难的问题，而不是简单依赖于情感的捷径，我们就能增长技能和知识。

启发式之所以存在，是因为它们更高效——能量意义上的高效，但不一定能高效获得最有用的答案。正如卡尼曼所述："'最省力原则'既适用于体力消耗，也适用于认知消耗。该原则认为，如果几种方法能实现同一目标，人们最终会倾向于最容易的那种。套用经济学的术语，努力即为成本，而技能的获得取决于成本和收益的平衡。懒惰是我们的天性。"

我们常常会做让自己更舒服的事情，少用能量往往要比平添精神负担来得舒服。我们会陷入原始的进化程序，再好的计划都会沦为异想天开。我们自以为可以战胜原始的本能，却忘了我们的大脑想要的恰恰相反。

好消息是，在我们愿意花费精力时，卡尼曼针对启发式的倾向提供了几种纠正方法：记住基本比例，并关注信息质量。如果你知道 20% 的人喜欢巧克力味冰激凌，80% 的人喜欢香草味冰激凌，那你就可以很容易地猜出自己新交的朋友更爱香草味。即便最近的新闻都在报道运动员对可可牛油果味冰激凌的追捧，你也依然可以很有把握地猜出朋友对香草味的喜好。一定要回到基本比例，再扪心自问，你所掌握的新信息是否会对比例产生重大影响，足以改变你的猜测。要是没有这种警觉，当进行猜测时，新闻报道的影响或者"可可"一词的出现可能就会促使你选择巧克力味。

但这一新信息其实与你无关,除非你的朋友是一名职业足球运动员。如果你猜香草味,猜对的概率是80%,这就是你能做出的最佳猜测。

耗能最少的思考方式就是感觉起来最自然舒服的那种。但有时,我们必须投入额外的能量,才能获得更相关、更有用的结果。

要不要隔间

设计用于专注的环境,给人们足够的空间和时间去做真正需要做的事情,才能最大限度地提高能量效率。就像鲨鱼的鳞片可以利用流体力学将水的阻力降到最低,我们也需要开发机制为每天重复进行的活动提高效率。

开放式住宅有利于减少能量消耗。有了开放式起居空间,你就可以一边做饭,一边照看孩子;坐在沙发上就能发现掉落在走廊上的钥匙;也可以自如地在不同的空间和活动之间切换,而无须一次次开门关门。自然光照射进来的角度恰到好处。要根据不同需求调整空间也很简单,比如可以把客厅的家具挪开,为晚宴聚会腾出空间。

但办公室与家截然不同。在家里,我们被信任的人包围,可以放下戒备,放松身心。我们可以随心所欲地改造自己的家,不因他人的规则束手束脚。此外,即便是开放式住宅,也大都存在私人空间,比如卧室、浴室和书房。

而对办公室来说,开放式布局并不能降低整体能量消耗。它也许能方便走动,但却大大增加了集中注意力和完成工作所需的精力,而这两件事恰恰是最为重要的。在开放式办公空间,员工面对着不断袭来的刺激和干扰——电话铃声、喝饮料声、耳机里传出的音乐声、脚步声、笑声、同事时不时拍肩提问的打扰、关门声等,精力不仅要放在工作上,还要分出来一部分用于屏蔽干扰,这就意味着工作变得更加令人疲惫,成果却没有增加。如果无法控制互动的时间和地点,我们将超负荷工作,最终精疲力竭。

此外,在开放式办公室交谈无法控制谁在听、谁没在听,无法形成一对一的牢固社交关系。如果谁都能听见,社交互动就会变得更加肤浅,更具表演性。当人们需要隐私而又没有足够的私密空间时,他们就会转向不会被人听到的交流方式。这比对偷听者时刻保持警觉更加省力。

开放式办公室对雇主和设计师的吸引力很大程度上在于可以降低成本。在招聘网站页面或者带投资者参观时,开放式空间也能给人留下深刻印象。然而,关于其能加强合作、打破信息壁垒的说法往往都未经研究证实。这意味着从长远来看,开放式办公室反而很可能会增加成本。例如,面对面交流会减少多达 70%,取而代之的是电子邮件、信息等形式的数字交流。[1]

真正有趣的是,开放式办公室远非现代产物,在历史上大部分时间里,它一直是标准配置。虽然其设计经历了许多次更新迭代,但缺陷始终如一。

---

1 Bernstein, Ethan S, and Stephen Turban. "The Impact of the 'Open' Workspace on Human Collaboration." *Philosophical Transactions of the Royal Society B: Biological Sciences.* July 2, 2018.

20 世纪 30 年代，著名建筑师弗兰克·劳埃德·赖特[1]为美国庄臣公司总部设计了第一个现代开放式办公室。天花板很高，让自然光尽可能地照射进来，精致的支撑柱设计得仿佛树木一般。尽管周围是工业环境，但建筑内部通风良好，给人一种自然清新的感觉。管理人员在夹层拥有自己的私人办公室，这样他们就可以在不脱离办公楼层的同时，得以集中精力，享受私人空间。赖特设计的桌子间距够大，能减少干扰且有利于自由活动。[2] 柱子和文件柜也起到了一定的分隔作用。随着庄臣公司总部名声大噪，开放式办公室变得越来越流行，却大都缺乏赖特的精心设计和宽敞空间，沦为一排排狭窄拥挤的办公桌。

20 世纪 50 年代，德国的一家设计公司设计了新的"办公室格局"，根据内部信息流动的方式，用隔板将不同部门分隔开来。事实上，这种设计就是为了最大限度地减少人们合作或集中精力所需的能量。[3] 如果需求发生了改变，他们也可以相应调整分区。

20 世纪 60 年代，设计师罗伯特·普罗普斯特[4]发现了开放式办公室存在的一些问题。在"办公室格局"的基础上，他设计了"行动式办公室"作

---

1 弗兰克·劳埃德·赖特（Frank Lloyd Wright，1867—1959），美国建筑师、设计师、作家和教育家。在长达 70 多年的时间里，赖特孜孜不倦地为美国建筑业创造新的愿景，设计出与环境完美融合的建筑。他在一生中总共设计了 1 000 多座建筑，出版了 20 本著作，育人无数。

2 Gibson, Eleanor. "Frank Lloyd Wright Designed the Johnson Wax Offices like a Forest Open to the Sky." *Dezeen*. June 14, 2017.

3 Kroemer, K. H. E., and Anne D. Kroemer. *Office Ergonomics: Ease and Efficiency at Work*. Boca Raton, FL: CRC Press, 2017.

4 罗伯特·普罗普斯特（Robert Propst，1921—2000），美国发明家。普罗普斯特有个好坏不确定的名声，就是催生出了一种饱受诟病、如今却令人深深怀念的办公室隔间文化。而他最初的设计"行动式办公室"（Action Office）实际上是一个精心设计、可灵活调整的全新体系，旨在为员工注入活力。普罗普斯特为他的设计申请了 120 多项专利。

为一种折中方案。设计主打灵活的家具和可移动的分隔墙，可根据员工的日常需求进行调整。该设计完美兼顾沟通和隐私，但因其成本太高，难以成为主流。雇主们只是简单地采用了隔墙的基本概念，其他一概舍弃，由此创造出了臭名昭著的小隔间办公室，每个人都坐在小小的隔间里敲击键盘。现代开放式办公室在一定程度上就是为了摆脱这种强加的隔离。

总之，开放式办公室是对小隔间的改进，而小隔间又是对开放式办公室的改进，如此形成了一个轮回。显而易见的是，有效的办公室设计需要认识并尊重人类最小化能量输出的倾向，就像赖特最初所做的那样。相较增加工作负担的环境，人们需要的是既能集中精力又方便走动的空间。

结论

我们节省能量的倾向有时会帮助我们，有时却会伤害我们。虽然尽量减少能耗可以确保留有余力以备不时之需，但它也会阻碍我们学习进步。学而不思则罔，但反思本身是一种能量消耗。

如果我们想要改善自己的思维方式，最大限度地利用所处的环境，那就必须意识到最小化能量输出的天然倾向，在必要时加以纠正，从而创造更大的价值。

融会贯通

本书中的模型为你提供了更好地理解这个世界所需的工具。我们探讨了物理学、化学和生物学的基础知识，展示了科学概念在日常生活中更为广泛的应用。思维工具箱中的工具越多，你就越有可能做出更好的决策。反过来，更好的决策也能为你腾出时间，帮你过上更有意义的生活。

世界是相互联系的。然而，本书中的思想并未呈现这种联系，此乃有意为之，搭建思维模型的格栅的工作就留给读者自己。虽然挑战重重，但这正是我们吸收信息并加以运用的必经之路。首先，你必须通过学习基础知识，将其应用于生活中的各种情形并总结经验教训，从而在头脑中搭建模型。其次，你需要反复使用搭建起的模型格栅，在此过程中不断予以完善和更新。要始终根据新的信息进行调整，但也要有足够的知识储备来选择性地接受新信息。

我们建议大家将成功和失败都记录下来，以激发从经验中学习的热情。虽然大多数人都认为经验是学习的关键，但其实关键在于反思。写日记之所以行之有效，是因为它能促进反思。通过日记的形式记录下模型的使用情况和预期结果，你就可以建立起一套可以反复使用的方法。模型运用就会变得越来越容易。

不过，最重要的是要找到适合自己的反思、反馈和学习方法。不妨重读以上章节，在书页的空白处记录下你脑海中一闪而过的相关内容。通常，每次读完一本很有启发的书，我们都会跃跃欲试，想要马上做出改变。然后，我们就会被其他事情分散注意力，彻底忘记了这回事。在被生活琐事牵绊住之前，不妨朝着你受到启发的方向迈出一步。选择一个模型，今天就去用一用，试一试。让本书及"思考的框架"系列图书中的思维模型成为你日常生活的一部分。它们不应被束之高阁。

这一系列图书的下一本书涵盖了来自系统和数学的模型，它将介绍来自这两个学科且支配世界运转的基础知识，展示如何利用它们在不同的情况下改善思维和结果。系统和数学模型具有普适性，是我们预测和规划未来的最佳工具。

随着"思考的框架"系列图书走向世界，我们将在官方网站上发布学习资料，帮助读者将模型真正融入自己的思维方式。用不了多久，在使用思维模型时，你就可以运用自己日积月累的思维力量。这些理念将成为你思维结构中不可或缺的一部分，以至于在遇到任何问题时，你都离不开它们提供的宝贵视角。

后记

祝贺你读完这本书。我喜欢这本书,因为它让我变得更聪明;我热爱这本书,因为它就像一场思想的盛宴,可供我随时随地享用。你既可以像读其他书一样,一口气从头读到尾,也可以按照自己的方式阅读,像浏览网站一样从一章跳到另一章。这也说得通,毕竟沙恩本人就是博主出身。

这种相似之处绝非巧合。网络改变了人们的生活,不仅改变了购书的方式,也改变了我们理解、消费和创造艺术的方式。

当蒂姆·伯纳斯·李在 20 世纪 90 年代推出互联网时(我立马就爱上了它),它成了人类历史上真正的新生事物。今天,它为数以百万计的普通人和企业带来了无与伦比的自由和权力,这就是我继续相信开放性网络的原因,也是我在一家与我志同道合的公司工作的原因。

这家公司就是 Automattic。公司的其中一项业务是开发了 WordPress.com,提升使用 WordPress(网络上 1/3 的网站都在使用的平台)的便捷性。很少有互联网公司能改变如此多人的生活。没有任何一家互联网公司比我们更努力地让网络成为一个每个声音都能被听到、每家企业都有平等成功机会的地方。

在 Automattic,每个人都坚信网络的力量,因此我们的公司总部无处可寻,却又无处不在。员工可以自由选择工作的时间和地点,比如居家办公。

希望你喜欢这本书,并在今后的日子里时常翻阅;如果你是我猜想的那种人——超级聪明、超级善良并致力于为所有人提供一个开放的网络,希望你能加入我和我的朋友们,加入 Automattic——一个让网络更美好的地方。

杰弗里·扎尔德曼

WordPress.com 特别项目负责人兼创意总监

致谢

培养跨学科思维方式的征途永无止境。感谢那些不断与我分享智慧的人。

写一本书需要耗费大量心血,许多人都为此做出了贡献。

我要感谢里安农·博宾,是她的努力让这套思维模型图书从梦想变成现实。从写作到后勤都离不开她的支持,可以说没有她就没有这本书。

我希望这套书能够让读者永久珍藏,要实现这一点,需要有非凡的审美。为此,我要感谢摩根·瑞梅尔、加文·赫特和玛西娅·米霍蒂奇的创意和设计。

本书的出版离不开朋友、家人及整个法纳姆街社群的大力支持。要特别感谢罗茜·莱兹罗伊斯的研究和贡献,以及扎克·史密斯、戴维·爱泼斯坦、杰夫·安内洛、西蒙·霍鲁普·埃斯基尔森、德文·安德森、欧赞·古尔坎、威尔·鲍尔斯、兰·克莱因、亚历克斯·邓肯和桑杰·巴克西提供的宝贵的反馈意见。

感谢内娜·罗达在本书出版过程的各个阶段给予的支持和所做的编辑工作。

感谢我了不起的儿子们——威廉和麦肯齐,他们提醒我如何过有意义的一生。这本书送给你们和你们的孩子。

最后要感谢你们,我亲爱的读者。有众多的读者愿意与我一起踏上这趟思维模型之旅,让我倍感荣幸。在你们深入了解这个世界的过程中,希望本书能够反复为你们提供参考。